ホンダF1

「歓喜」までのアナザーストーリー

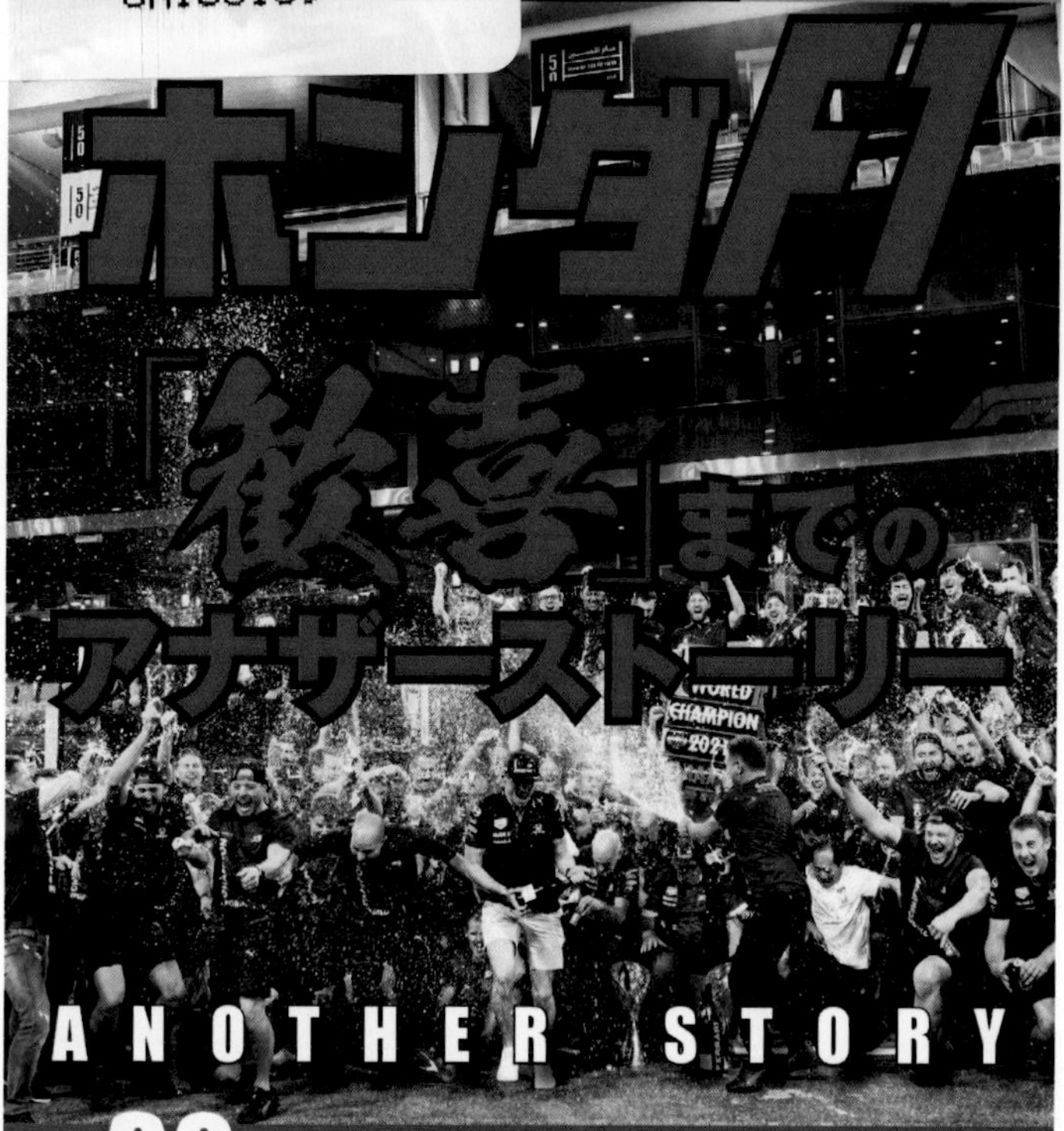

ANOTHER STORY

30年ぶりのチャンピオン獲得！

その舞台裏にあったもうひとつの戦い

尾張正博＝著

インプレス

【第1話】取材申請期限が過ぎていた!!

まえがき……

２０２２年の３月に上梓した「歓喜」は、ホンダが２０２１年にＦ１チャンピオンを獲得するまでの戦いを記した単行本である。おかげさまで、発売直後に重版となり、２０２３年の３月に３刷が発売された。

その直後の5月24日にホンダが、２０２６年以降はアストンマーティンにパワーユニットをワークス体制で供給することを発表。ホンダのＦ１活動はこれからも続くことになった。そのホンダが30年ぶりにドライバーズチャンピオンをレッドブルとともに獲得したあの２０２１年の輝きはいまも色褪せることはない。「歓喜」ではホンダの頂点を目指した戦いに焦点を当て、それを取材・執筆してきた自分は黒子に徹して、取材の裏側は活字にはいっさいしなかった。通常、あとがきで著者は取材にまつわるエピソードを綴ったり、編集担当者へ対する謝辞を述べるものだが、「歓喜」ではそういった身内の話にいっさいスペースを割かなかったのも、少しでも多くのホンダに関する情報を掲載したかったからだった。それほど、ホンダに関する取材は膨大で、内容もまた濃密だった。

その一方で、「歓喜」を宣伝するためのトーク番組にいくつか出演した際に、多くの人たちが取材中の裏話に興味を持っていることもひしひしと伝わってきた。

確かにいま思えば、２０２１年という1年は私にとっても、Ｆ１取材人生で最も困難でかつ感動を味わったシーズンだったように思う。そこで、「歓喜」3刷発売を記念して、「歓喜」のメイキングストーリー的な裏話を連載できないかと編集者に相談。今回の連載に至った。

それでは皆さん、時計の針を２０２０年の年末まで戻していただきたい……。

全17戦を自宅でリモート取材した２０２０年。翌２０２１年シーズンはどうなる⁉

世界中が新型コロナウイルス感染症と初めて向き合った２０２０年。Ｆ１の取材はそれまでとは大きく変わった。7月に再開幕したＦ１は「バブル方式」を導入。メディアはプレスルームから出て、パドックでＦ１チーム関係者に会うことはできず、すべてリモートでの取材が行なわれていた。つまり、サーキットへ行っても、ドライバーやチーム代表と直接、会って話をすることができなかった。

そもそも、サーキットで取材する人数を国際自動車連盟（ＦＩＡ）はコントロールしていて、パ

こちらが単行本「歓喜 ホンダF1 苦節7年、ファイナルラップで掴みとった栄冠」の表紙。左が帯付き、右が帯なし

ーマネントパス（年間パス）を所持していても、全員がサーキットに入場することはできない状況が続いていた。私も２０２０年はＦＩＡから送られてくる取材用のＩＤとパスワードを使用し、自宅から全17戦をリモート取材した。

年が明け、２０２１年になっても、私の取材計画は白紙の状態だった。通常であれば、前年に14レース以上の取材を現場で行なわなければ、翌年のパーマネントパスの資格は消失するのだが、ＦＩＡはコロナ禍でほとんどのメディアが現場での取材ができないことを考慮し、原則２０２０年にパーマネントパスを所持している者全員に、翌年も申請すれば継続してパーマネントパスを配布すると発表した。

そこで、とりあえず２０２１年1月下旬にパーマネントパスの申請を済ませ、具体的な取材計画は後で決めることにした。というのも、２０２１年になっても日本の新型コロナの状況が思わしくなく、1月８日に発令された2度目の緊急事態宣言がまだ解除されていなかったからだ。緊急事態宣言が発令されている状況での海外への渡航は、乗り越えなければならないハードルが多すぎる。

それが2月に入って、ようやく愛知、岐阜、大阪、京都、兵庫、福岡の6府県は、2月末での先行解除すると発表された。さらに首都圏の1都3県で継続している緊急事態宣言についても、3月には解除する方向で最終調整を進めようとしているというニュースを2月下旬に聞いて、1年ぶりに海外取材を再開することにした。

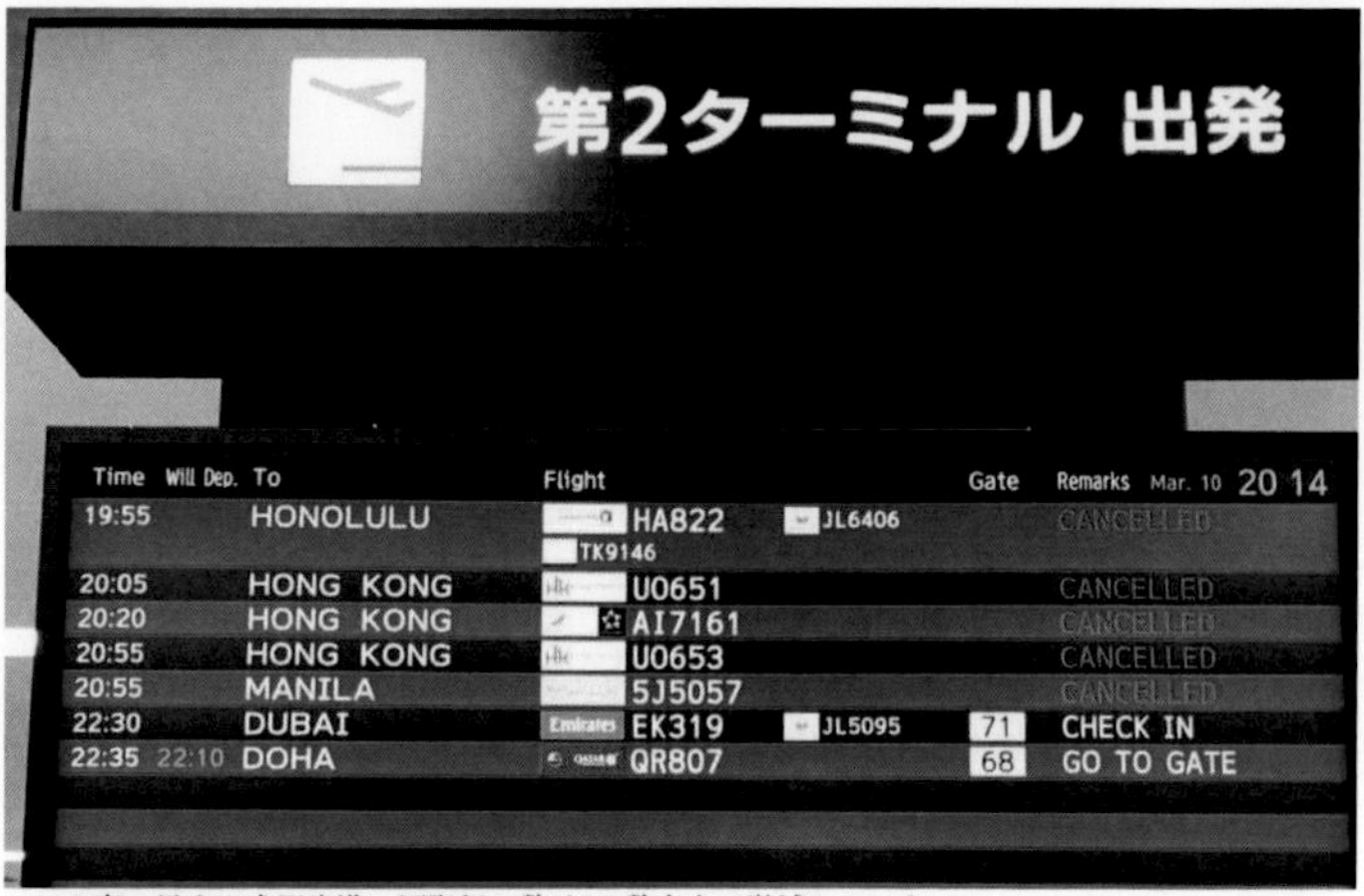

コロナ真っ只中の成田空港。国際便の数は1日数本まで激減していた

2021年3月。成田空港の出発ロビーは閑散としていた

ところが、コロナ禍になって取材申請方法がこれまでと少し変わっていたことを見落としていた。コロナ前はパーマネントパスの申請を済ませ、その許可がおりれば、いつでもどこでも好きなタイミングで取材ができたが、2021年もF1はバブル方式での取材活動を継続しようとしていたため、FIAは取材者の出欠を事前に把握して、パーマネントパスの申請者でも、取材したいグランプリへの申請を個別に行なわなければならなくなっていた。そして、その申請の締め切りが各グランプリの開幕1か月前となっていた。

筆者が現場取材を再開しようと決意した2月下旬には、すでに開幕前のプレシーズンテストと開幕戦バーレーンGPの取材申請は締め切られていたのである。

「しまった‼」と半ば諦めつつ、ダメ元でこんなメールをFIAの広報担当に送った。

Dear Madam & Sir,

Thank you for sending me the confirmation of the permanent pass.

I'm Masahiro OWARI.

However, I missed the documentation that the allocation of a permanent pass does not grant automatic access to every event.

Although applications have already closed for the pre-season test and the Bahrain Grand Prix, I would like to attend both of those events.

Would you please give me some advice.

Warm Regards

Owari

　このメールを送ってから約１週間後の３月２日、FIA からこんなメールが送られてきた。

Dear Owari,

The application for the representative OWARI, MASAHIRO at Bahrain Pre Season Tests was requested.

Yours sincerely,
FIA Communications

　つまり「申請を受け付けた」というのだ。さらにその１分後にこんなメールが届いた。

Dear Owari,

Further to an examination of your accreditation application for the Bahrain Pre Season Tests, your request has been approved. The FIA has therefore decided to accredit the following representative (s) of ; OWARI, MASAHIRO

You will receive a confirmation letter in due course.

Yours sincerely,
FIA Accreditation Team

なんと「申請を許可した」という内容ではないか。しかも、申請はテストだけでなく、その2週間後に行なわれるバーレーンGPも同様に許可されていた。神様、仏様、FIA様である。

だが、喜びも束の間、バーレーン・テストがスタートするのは、3月12日。その前々日には日本を発たなければ現地での取材を開始できないため、準備時間は正味8日間。それまでに査証、航空券、ホテル、レンタカーという通常の手配はもちろん、コロナ禍での渡航に必要なPCR検査の陰性証明も発行しなければならない。

3月8日にPCR検査を受け、翌日陰性証明を受け取り、10日に成田から出国。成田空港へ向かう電車もガラガラなら、空港の出発ロビーも閑散としていた。それもそのはず、日本を発着する便の多くは、まだこの時期は運航がキャンセルされたままだったからだ

運航している便の客室乗務員も皆マスクはもちろん防護服を着ていて、機内で配られるアメニティキットにはアイマスク、耳栓、歯磨きセットのほかにマスクやゴム手袋、アルコール消毒液などの衛生用品が入っていた。

こうして、2021年の取材はコロナ禍の緊張感とともに始まった。しかし、この時はその後どんな試練が待っているかも、その先に「歓喜」が待っていることも、まだ想像すらしていなかった……。

客室乗務員も皆マスクはもちろん防護服を着用

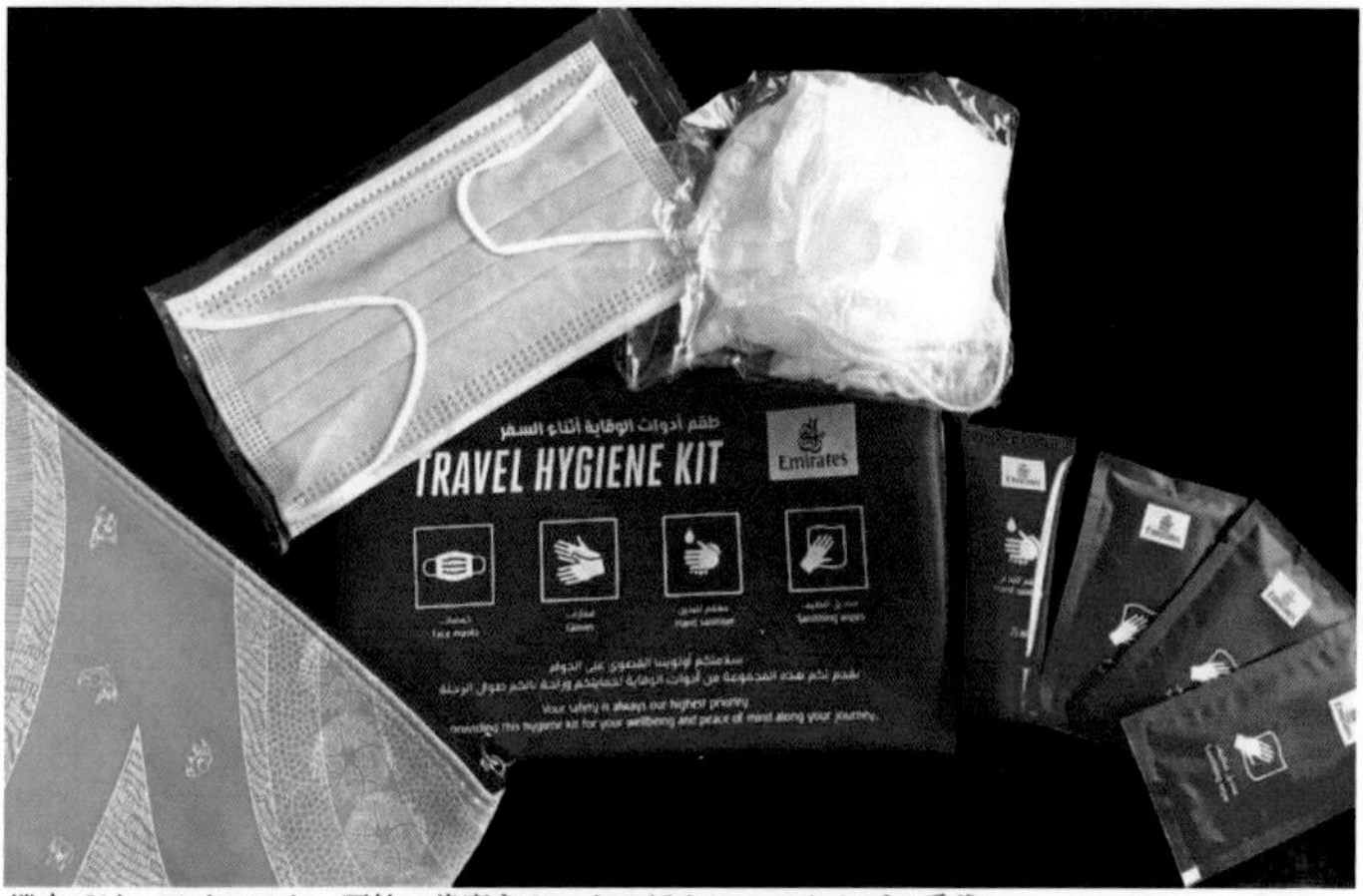

機内では、アイマスク、耳栓、歯磨きセットのほかにマスクやゴム手袋、
アルコール消毒液などが入ったアメニティキットが配られていた

【第2話】〝孫の手〟を借りるほどの忙しさ

取材を難しくする「ソーシャルディスタンス」

約30年間、F1の取材をしているが、あんなに出国までドタバタしたのは2021年が初めてだったと思う。取材申請がおりた後も、国際自動車連盟（FIA）からはさまざまな取材に関する注意書きや、それを読んで承諾したことを示すために署名して返信しなければならず、その作業は出国間際まで続いた。

だから、離陸した後も「書類の記入方法は正しかったのか？」とか、「きちんと書類が届いているのだろうか？」など、不安を抱えたまま機内で過ごしていた。コロナ禍での取材申請はすべてが初めてだった。さらに、分からないことがあれば、通常であれば知り合いのジャーナリストやカメラマンに聞くところだが、2021年のプレシーズンテストに参加する日本人は私以外にいなかったため、それもできなかった。

ドバイを経由して開幕戦の地バーレーンに到着し、タラップを降りると、そこには現地スタッフ

2021年のF1は前年よりも緩和されたものの、まだまだ制限が続いていた

が筆者の名前入りのプラカードを持って立っているではないか。どうやら日本を出発する前に返信した書類はすべて問題なかったようだ。

入国審査を終えると、バーレーンの保険当局によるPCR検査が待っており、検査結果が出るまではホテルで待機しなければならなかった。約4時間後に陰性と通知がアプリに届いたので、レンタカーでサーキットの近隣にあるパス発給所へ行き、年間パスを受け取った。

これでようやく現地取材の準備は整った。ただし、このときF1はまだバブル方式をとっており、メディアの取材には多くの制限があった。例えば、通常であればパドックで自由にドライバーやチーム関係者に話を聞くことができるのだが、2020年の時点でのバブル方式ではメディアセンターから出て取材することは禁止されていた。そういう制限の中で取材した経験がないので、「それも経験の1つ」という気持ちで取材に来たのだが、来てみて驚いた。FIAは2021年からバブル方式を若干、緩和。メディアセンターの外に制限された区域を設け、フェンスでソーシャルディスタンスをとったうえで、ドライバーやチーム関係者と直接話をしてもよいということになった。

だが、この距離が見た目以上にある。しかも、この時点ではパドックでは全員がマスク着用の義務があり、そもそも話が聞き取りづらい状況。手を伸ばそうにも、背の高い外国人に正面に立たれるとどうしようもない。そんな状況のとき目に入ったのが、テレビクルーたちが取材していたミックスゾーンだ。そこでは長い棒にマイクを取り付けて、それを口元まで伸ばして録音しているでは

名前が記されたプラカードを持っているので分かりやすい

やっと受け取れた年間取材パス

フェンスでソーシャルディスタンスを確保していた

ドライバーとの距離があり声を聞き取りにくい

ないか。しかし、テレビクルーでもない私にはそんな道具はない。そこで思いついたのが、スーツケースに常備していた孫の手だ。初日の取材を終えた私はホテルに帰ると孫の手にＩＣレコーダーをテープで留めて、２日目以降の取材を開始。これで角田選手の声をバッチリ拾えるようになった。

ただし、孫の手で取材をいつまでも続けていては失礼なので、プレシーズンテストが終了し、開幕戦までの数日間の休暇の間に代替え品を探すことにした。日本ならこのような物は１００円均一に行けばすぐに見つかるのだろうが、バーレーンの首都マナマにはそのような便利なお店はない。ホテルに戻ってスタッフにたずねてみたら、「廃材でよかったら長いパイプが1本ある」と言う。ということで、開幕戦からは録音機材もスペック２に進化。こうして不安の中でスタートした現場取材は、予想を遥かに上まわる収穫とともに無事終了した。

とはいえ、この時点で2戦目以降の取材をどうするかを私はまだ決めていなかった。というのも、Ｆ１の取材は制限が緩和されたものの、日本政府の水際対策がまだ厳しい状態が続いていたからだ。この時点で日本への入国者は全員、ＰＣＲ検査を受け、陰性結果が出なければ空港を出ることができなかった。さらに陰性が出ても、数日間はホテルか自宅で自主隔離が求められ、厚生労働省が指定するアプリをダウンロードして、帰国後数日間管理されていた。また空港からホテルまたは自宅へ向かう交通手段に公共交通機関を使用できず、家族や知り合いにクルマで送迎してもらうか、空港でレンタカーを借りるしかなかった。そんな生活を2週間に1回やりながら年間20戦以上まわる

テレビクルーが使っていたマイク道具がヒントに

孫の手にこんな使い道があったとは驚きである

バージョン2へと進化したロングボイスレコーダー。これなら機材っぽい

というのは、かなりハードルが高い。

「取材を続けたいが、やっぱり難しいよなあ……」

そう思いながら帰国の途につこうとしていたとき声をかけてきたのが、Car Watch の「気合いで撮る！」でお馴染みのＦ１カメラマンの熱田護さんだった。

「日本に帰らずに、ヨーロッパにとどまって取材を続けてみないか？」

確かに日本から往復するよりも、ヨーロッパにとどまって取材するほうが物理的には楽だ。しかし、そのためには少なくとも数か月は日本へは帰れない。家族の同意も必要だし、ヨーロッパで生活するための資金も準備しなければならない。そして、何より「ヨーロッパにとどまって取材をやるぞ!!」という覚悟が必要だ。熱田カメラマンに声をかけられたとき、正直私にはその勇気はなかった。そんな私に熱田カメラマンはこう言った。

「今年は7年ぶりに日本人ドライバーがＦ１にデビューするだけでなく、ホンダのＦ１ラストイヤーですよ」

確かに現場取材者としては、このような機会は滅多にない。見逃したら、一生後悔するかもしれない。

「じゃ、帰国したら、また連絡します」

そう言って、成田空港で別れた。

【第3話】単行本の相談

2021年シーズン序盤はヨーロッパに約4か月とどまりながら取材を続けることに

家族の同意を得て、2021年シーズンは第2戦以降も取材を続けることにした。

2戦目以降はしばらくヨーロッパ内でのレースが続く。F1ではこの期間をヨーロッパラウンドと呼ぶ。全チームのファクトリーがヨーロッパにあるため、このヨーロッパラウンドはレース機材を飛行機ではなく、トランスポーターと呼ばれる大型のトラックで陸送する。

私はコロナ禍で取材を続けるために、今度は夏休みまでの約4か月帰国せずにヨーロッパにとどまることにした。荷物は4か月先を見越して、いつもより多くなった。通常なら、次に取材に行く国に合わせて衣服や取材道具をカバンに入れるのだが、今回は夏休みまでに訪れる国のすべてに合うアダプターが必要になる。この4か月間に取材に行く国はイタリア、ポルトガル、スペイン、モナコ、アゼルバイジャン、オーストリア、イギリス、ハンガリーの8か国。これらすべての国の気候に合わせるだけでなく、4か月後には夏になるため、春物から夏物までの衣服をスーツケースに

F1のヨーロッパラウンドでマシンや機材を陸送する大型トラック

詰め込んだ。

さらに取材道具もいつもと違う準備が必要だった。コロナ禍でＦＩＡ（国際自動車連盟）はグランプリ期間中は５日おきにサーキット内でＰＣＲ検査を実施。その検査を受けるためには専用のアプリをインストールしなければならなかった。さらに国によっては出入国の際にも各国専用のアプリをインストールしなければならない。そのアプリを起動させるためには、海外でも常時通信できる環境が必要で、スマートフォンをＳＩＭフリーにして、それぞれの国で使用できるＳＩＭを準備しなければならなかった。

またプレシーズンテストと開幕戦で使用したＩＣレコーダーを装着する棒も、開幕戦後に帰国した際に１００円均一で購入した伸縮タイプに改良したスペック３に進化させた。未使用の取材用ノートも数冊、カバンに入れると、スーツケースはもうパンパン状態。いつもなら、何個か入れていたカップ麺や日本のお菓子などはまったく入る余地はなかった。というか、カップ麺やお菓子を入れることを忘れるぐらい取材することしか考えていなかった。

というのも、これから続ける取材は単にレースを追いかけるだけでなく、別の取材も変更して行なうことにしていたからだ。それはホンダのラストイヤーを取材し、単行本に記すというものだ。

実は、この構想は２０１９年の後半あたりから頭の中にあった。２０１５年にＦ１に復帰したホンダを取材していて、なんとなく「いつＦ１から撤退しても不思議はない」と感じていたからだ。

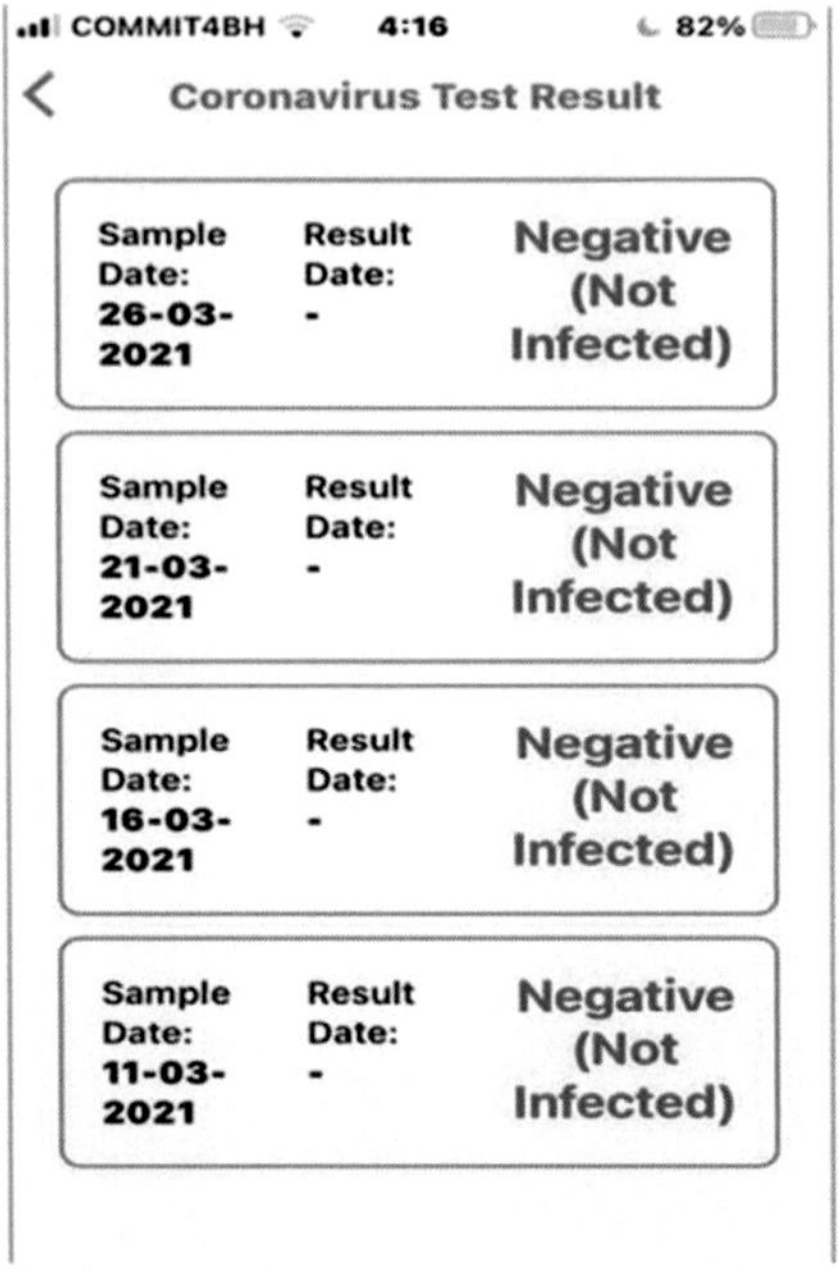

PCR検査を受けるための専用アプリが用意され5日おきに検査を行なっていた

そこで、筆者は2019年のブラジルGPの際に、当時ホンダF1のマネージングディレクターを務めていた山本雅史さんに、こんなお願いをしていた。

「もし、この先、ホンダがF1を撤退するようなことになったら、そのときはそのホンダのラストイヤーを記した単行本を執筆しようと思っていますので、取材にご協力ください」

同時に1冊の本を手渡した。その本のタイトルは「トヨタF1、最後の一年」（二玄社）。2009年を最後にF1を撤退したトヨタのF1活動をまとめて、私が2010年の春に上梓した単行本だ。

その11か月後の2020年10月に、ホンダは2021年限りでF1参戦を終了することを発表。コロナ禍で取材を継続する私にとって、この機会を逃す手はなかった。

私にとって、ホンダは特別な存在だった。まず、ホンダが初めてF1のレースに出走した1964年8月2日は、私の誕生日だということ。次に私がフリーランスになってF1の世界に飛び込むことを決意した1992年に、ホンダはF1を撤退。私がF1の取材を開始した1993年にホンダはいなかった。当時、F1の取材をスタートさせた私に対して、周囲からは「ホンダが撤退したのに、F1に来た変わったやつ」だと言われたものだった。ホンダがF1に参戦していた1992年まで大勢いた日本メディアが一気に去っていたからだ。

それでも、私はいつかホンダがF1に復帰すると信じて、1993年以降も取材を続けた。その思いは間違っていなかった。ホンダはその後、参戦と撤退を繰り返した。そのホンダが、いま再びF1を去ろうとしている。57歳になろうとしていた私にとって、もしかしたらこれがホンダのF1活動を取材する最後の機会になるかもしれない。そう思った私は、再び山本さんにコンタクトをとった。場所は、第2戦エミリア・ロマーニャGPが行なわれたイモラ・サーキット。当時はまだF1のパドックはバブル方式がとられていたため、メディアがチーム関係者と直接会って話をできるのは、フェンスで囲われたミックスゾーンだけだった。こういう話はメールや電話ではできないと判断した私は、失礼を承知で、山本さんに取材と称してミックスゾーンまでご足労いただき、単行本を書きたいという旨を打ち明けることにした。

山本さんは2019年のブラジルGPのことを覚えていた。そして、こう言ってくれた。

「会社や関係者にいくつか確認しなければならないけれど、できる限り協力します」

イモラは1994年にアイルトン・セナ選手がレース中の事故で天に召された地。ホンダはセナ選手が愛したエンジンメーカーであり、セナ選手のタイトルはいずれもホンダとともに手にしたものだった。山本さんと別れた私はセナ選手の銅像が立っているタンブレロコーナーまで行き銅像に向かって、単行本を書くことを報告した。

そのイモラで、ホンダのパワーユニットを搭載するマックス・フェルスタッペン（レッドブル）選手が、シーズン初優勝を飾った。単行本の取材がいよいよスタートしようとしていた。

F1関係者との適切な距離を確保しながら取材を行なうため、
フェンスで囲われた通称「ミックスゾーン」がこちら

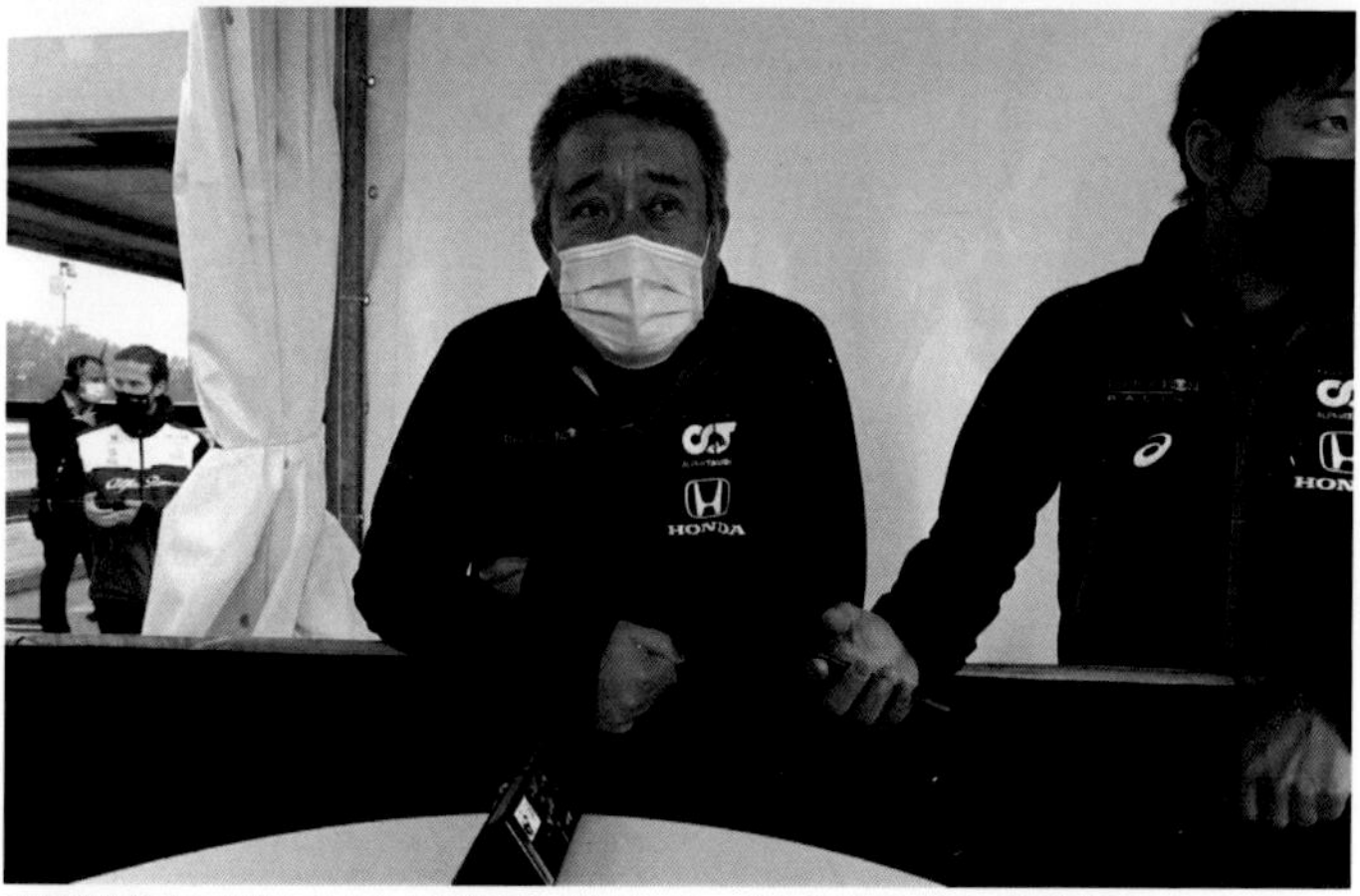

単行本の製作に快諾してくれた当時ホンダF1のマネージングディレクターを務めていた
山本雅史さん

イモラ・サーキットのタンブレロコーナー近くには、故アイルトン・セナ選手の銅像があり、毎年多くのファンが献花に訪れている

【第4話】アンドラ生活

シェンゲン協定という滞在日数に関するルールへの対応

２０２１年のＦ１シーズンでは、イタリア・イモラでのエミリア・ロマーニャＧＰを終えた後、私は帰国の途にはつかず、熱田カメラマンと飛行機でスペインへ飛んだ。３戦目の舞台はポルトガルなのに、わざわざスペインへ向かったのには理由がある。国境規則であるシェンゲン協定の「あらゆる１８０日間における最長90日」というルールを守るためだ。

シェンゲン協定とは、加盟しているヨーロッパの国家間において、出入国検査（国境検査）なしで国境を越えることを許可する協定のこと。シェンゲン協定加盟国は26か国（２０２１年時点）で、これらの国では１８０日間の中で90日までしか滞在できない。

バーレーンＧＰの後、私がシェンゲン協定加盟国であるイタリアに最初に足を踏み入れたのは４月14日。もしも、その後、イタリアからポルトガルへ飛び、その後もグランプリが開催される国々を転々とすると、夏休み前までにあっという間に90日に達してしまう。そこで熱田カメラマンが知り合いのジャーナリストから聞いた技が、グランプリの取材を行なわない期間はシェンゲン協定加盟国に属していないアンドラに退避するという方法だ。

アンドラとは、スペインとフランスの国境にまたがるピレネー山脈の真ん中に位置する公国で、ヨーロッパの中にありながらシェンゲン協定に加盟していない。そういう国はほかにもモナコやイギリスなどがあるが、モナコは滞在費が高く、イギリスはヨーロッパラウンドを移動するにはやや遠かった。その点アンドラは、スペイン、フランス、モナコはもちろんポルトガルへも自動車で移動できる。ちょうどこの4戦がエミリア・ロマーニャGPの後に予定されていたため、アンドラはヨーロッパに滞在しながら数か月間F1を取材するにはもってこいの場所だった。

アンドラの存在は知っていたものの、訪れたことはなかった。エミリア・ロマーニャGPの後、昼過ぎにミラノからバルセロナへ飛び、空港でレンタカーを借りて、夕方にはアンドラに予約していたホテルにチェックインしていた。

かつてはタックス・ヘイブンだったアンドラは、免税ショッピング天国として、多くの観光客で賑わっていたと言うが、法人税や非居住者への直接税などさまざまな税金が導入された2012年以降は、ピレネーの大自然を生かした観光天国としてヨーロッパ各国から人々が訪れている。

だが、私がアンドラを訪れた2021年はコロナ禍まっただ中ということもあり、街は閑散としていた。ホテルにチェックインした後、夕食をとろうと街に繰り出すも、多くのレストランが

アンドラの中心を流れる川にかかる橋

シャッターを下ろしていた。これから数か月、グランプリが終了した後、ここに帰ってきて生活しなければならない。第2のわが家としては、少々物足りない。高校を卒業して、故郷の仙台から東京に出てきたときも、約30年間グランプリを取材してきた中でも、一度もホームシックなんてものを経験しなかった私が、アンドラに着いた夜、57歳にして初めて「これがホームシックか？」と不安に感じたのを覚えている。

しかし、そのとき私にはホームシックに悩んでいる暇はなかった。というのも、コロナ禍で日本からF1を取材に来ているジャーナリストは私ひとりだったからだ。そのため、この年はメディアからいつもより多くの取材依頼がフリーランスの私に殺到した。通常であれば、喜んで引き受けたいのだが、コロナ禍での取材はこれまでとは異なって、次の取材先へ行くまでに、いままでにはなかったさまざまな事前準備が必要だった。その1つが、PCR検査での陰性証明の発行だ。この時期は飛行機での移動の際はチェックイン時に必須だったが、自動車で国境を越える場合も必要になると言われていたため、念のために携帯しておくことにした。

コロナ禍ではPCR検査の陰性証明だけでなく、それ以外にもそれぞれの国へ入国する際に必要な書類や申請も必要だったため、事前にチェックしておかなければならなかった。それらの書類はすべて英語やそれぞれの国の母国語しか表記されていないため、F1のチームリリースを読むよりも何倍もの時間がかかった。しかも、その情報がいつ変更されるかも分からない状況だったため、

ピレネー山脈の真ん中に位置するアンドラ公国

宿泊したアンドラの街

定期的にインターネットで最新の情報をチェックしなければならなかった。パソコンを開いても原稿を一行も書かずに、ネットばかりチェックして閉じた日もあった。

だから、出版社や新聞社からお願いされた原稿も失礼は承知でいくつか断った。フリーランスになって、そんなことをしたのは初めてだったが、あのときは現場での取材活動を最優先に考えていた。どうしても断れない原稿も、事情を説明して文字量を調整してもらった。

あのときの私は日本から遠く離れて寂しいという気持ちよりも、次にレースが行なわれる国に行けるのだろうかという不安な気持ちしかなかった。そんな中で、単行本の構成を徐々に構築していった。そのときだけは、雑務から解放され、やりたいことだけに集中できた至福の時間だった。

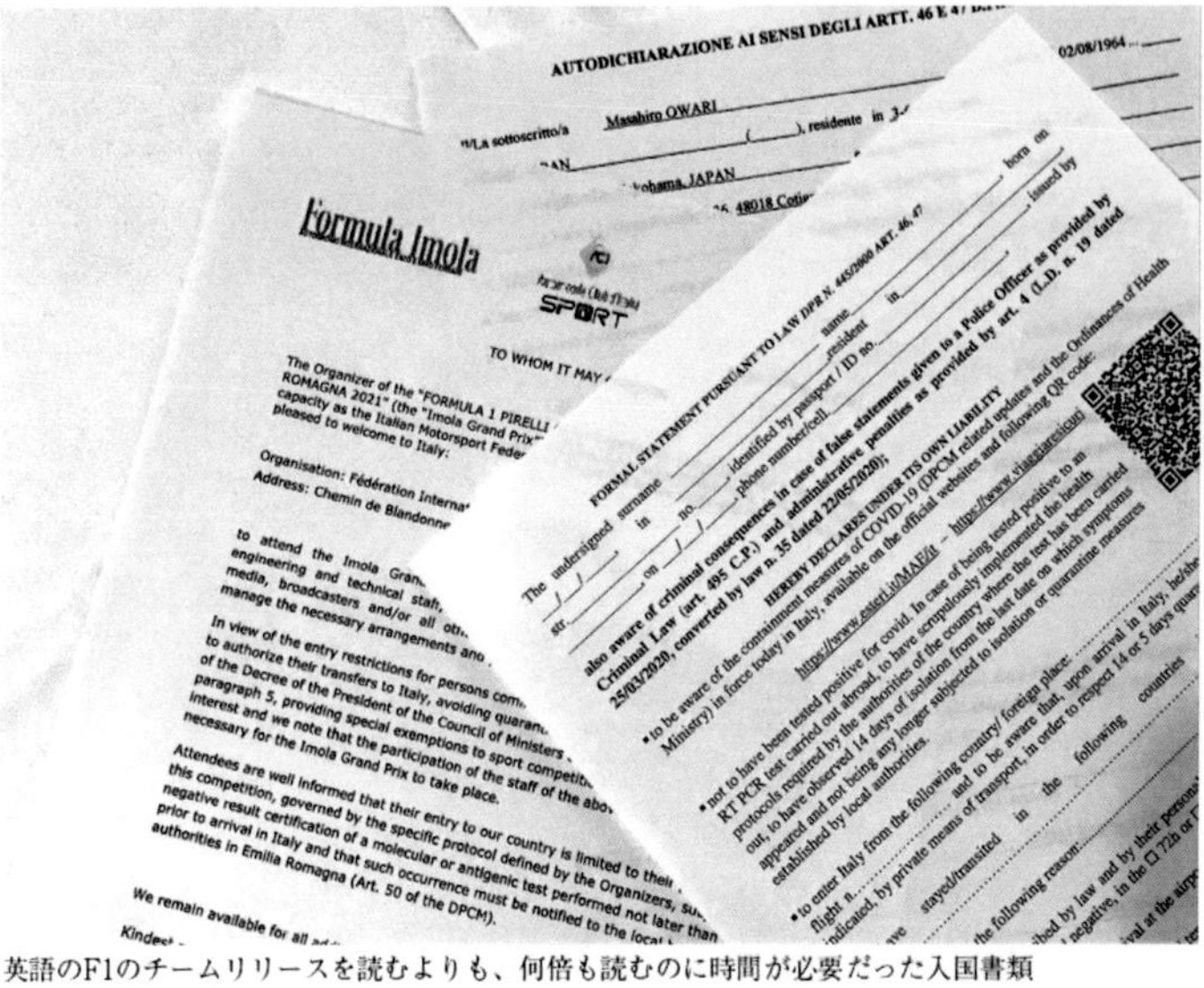

英語のF1のチームリリースを読むよりも、何倍も読むのに時間が必要だった入国書類

【第5話】ポルトガルまで1400km

岩手県から鹿児島県よりも長い道のり

F1の2021年シーズン、夏休みまでのヨーロッパ滞在期間中の取材で最初の難関だったのが、アンドラからポルトガルまでの移動だった。

アンドラからポルトガルまでの距離を、クルマに装着されていたナビで検索すると約1400kmもあった。東京から大阪までの距離が直線にしておよそ400kmだから、2往復弱もあることになる。片道だけで考えると岩手県の盛岡市から鹿児島県の鹿児島市までが約1300kmだから、それよりもさらに長い。日本にいたら、普通この距離をクルマで移動しようとは考えない。

しかし、飛行機で移動するにしても、簡単なことではなかった。まず、フランスとスペインの国境の山岳地帯にある小国のアンドラには空港がないため、アンドラから飛行機でポルトガルへ行くためにはスペインにクルマで移動して、そこでレンタカーを返却してポルトガルの空港で再びレンタカーを借りなければならない。

さらにこの年は、ポルトガルＧＰとスペインＧＰが2週連続開催だったため、飛行機でポルトガルからスペインに帰ってきたら、またスペインの空港でレンタカーを借り直さなければならない。当時はまだコロナ禍でヨーロッパ内も移動が制限されていたためレンタカーの需要は少なく、多くのレンタカー会社は経営を維持するために料金をコロナ前よりも高く設定していた。レンタカーの料金というのは、借りた日数に応じて変動するものの、それは日数に比例するわけではない。さらに借りた日数とは関係なく、基本料金がかかる。つまり、短い期間で何度も借りるよりも、1台を長期間で借りたほうが割安となる。

さらに飛行機を使えば、ＰＣＲ検査の陰性証明が必要となる。それ以外にもポルトガル入国とスペイン入国の際に必要となるさまざまな書類を準備しなければならない。そういう思いをしてポルトガルに入国しても、ポルトガルＧＰの舞台となるポルティマオには大きな空港がなく、スペインから飛行機で行くと首都リスボンに到着してからクルマで向かうしかなく、2時間以上はかかる。アンドラからスペインの最寄りの国際空港となるバルセロナまでもクルマで約2時間かかるので、ならばアンドラからポルティマオまでクルマで移動したほうがよいというのが理由だった。

とはいえ、１４００kmもの距離をクルマで移動するには時速１００kmで走り続けても14時間はかかる。1人だったらあきらめていたところだが、今回は熱田カメラマンがいる。途中、運転を交代して休み休み行けば、１４００kmも無理じゃないだろうと判断したわけだ。

クルマで移動しながらヨーロッパのグランプリを取材していると、チームのトランスポーター（大型トラック）とよく出会う。この写真はフランスGP後に撮影したハースのトランポ

途中のサービスエリアにて休憩中

ポルティマオに夕方チェックインしたいので、朝4時すぎにアンドラを出発。ポルティマオまでの道中、熱田カメラマンと話していたら、いろいろな記憶がよみがえってきた。というのも、私は1990年代に熱田カメラマンと知り合い、1997年からは「GPX」というF1の速報誌を通して、何度か一緒に旅をしていたからだ。当時はGPX以外にも「F1速報」や「AS+F（オートスポーツプラスエフ）」や「グランプリ特集」などF1の専門誌がいくつもあった。それぞれの編集部が編集部員と専属カメラマンを現地に出張させて、いい雑誌を作るために皆しのぎを削っていた。まだインターネットが盛んではなかったし、デジタルカメラも普及していなかった時代。写真はほとんどがフィルムで撮られていて、レースが終わったら、できるだけ早く帰国して現像しなければならなかった。

日曜日のレース後、メディアセンターを出るのがだいたい深夜2時から3時で、ホテルに帰って少し仮眠して月曜日の早朝にホテルを出て現地を出発。月曜日の午後イチに成田行きの便が出るドイツ・フランクフルト空港へ乗り継ぐためだ。成田行きの飛行機の中で爆睡し、火曜日の早朝、成田空港に到着したら最後の勝負で、まずフィルムを待機させていたバイク便で先に現像所まで運んでもらい、私たちが東京に到着したころに現像された写真をルーペで確認。編集部で使用する写真を選択し、デザイナーにページを整えてもらって出版社に入稿していた。日本GP号は1日発売日が早かったこともあり、日曜日の夜に鈴鹿からクルマで東京に帰らなければならなかった。つまり、完全に徹夜作業だった。途中、静岡あたりで2人とも睡魔に襲われ、パーキングエリアで仮眠したら熟睡してしまい、大焦りしたこともあった。

その後、GPXは2001年を最後に休刊。AS＋Fやグランプリ特集もなくなった。気がつけば、メディアセンターに常時10人以上もいた日本人は徐々に減り、2021年には3人だけとなった。そもそも2021年はコロナ禍で日本人だけでなく、ヨーロッパをはじめ世界各国のメディアがほとんど現場に来なくなっていた。その中でシーズンを通して全戦取材していた日本人は、熱田カメラマンと私の2人だけ。20年前に、こんな日が来るとは想像もしていなかった。

20年前の徹夜作業で鍛えられた体力は、60歳を前に少し衰えてきていたが、ポルトガルまでの1400kmに負けないだけのパワーはまだ維持されていたようだ。

写真はバーレーンGPのもの。コロナ禍で長テーブルは個別テーブルに変わり、さらにこのように閑散としていた

なんとかポルティマオ近郊にあるポルトガルGPの舞台となるアルガルベ・サーキットへ到着できた

【第6話】単行本の構成見直し

少しずつコロナの規制が緩和されてきた欧州

２０２１年のＦ１スケジュールでは、ポルトガルＧＰの翌週にスペインＧＰがあり、２週連続で取材をこなし、ヨーロッパ生活での拠点にしているアンドラへと戻った。シェンゲン国境規則を逃れるためには日本人にとってアンドラは天国だが、新型コロナに関する規制という点では不利な国でもあった。というのも、スペインＧＰの後はモナコＧＰだったが、Ｆ１を運営する国際自動車連盟（ＦＩＡ）から、こんなお達しが届いていた。

「ＥＥＡ圏外からフランスおよびモナコへ入国する者は入国後、直ちにＰＣＲ検査を受け、検査結果が出るまでホテルで自主隔離すること」

ＥＥＡとはEuropean Economic Area の略で、欧州経済領域を意味する。ＥＥＡ加盟国はヨーロッパ連合（ＥＵ）加盟国の27か国にリヒテンシュタイン、アイスランド、ノルウェーを加えた30か国となっている。アンドラはＥＵにもＥＥＡにも属していないため、アンドラからレンタカーでフランスに入国した後、モナコGPの取材を行なう私と熱田カメラマンは、モナコへ入国した後、直ちにPCR検査を受け、検査結果が出るまでホテルで自主隔離しなければならなかった。

ＰＣＲ検査はＦＩＡがサーキットに設置している検査場で、予約もなく無料でできたが、午後5時までしかやっていない。アンドラからモナコまでは約８００kmあるので、渋滞も見越して10時間前の朝7時に出発する予定を立てた。

しかし、この頃のヨーロッパは新型コロナに関する規制が徐々に緩和されていて、出発直前になって、ＦＩＡから「ＥＥＡ圏外からの入国者に対するPCR検査の必要がなくなった」という知らせが届いたため、アンドラ出発はホテルのチェックイン時間までに間に合えばいいので、朝9時に変更した。

パドックでの取材規制もモナコGPから緩和された。これまではパドックにはフェンスで区切られたエリアまでしか立ち入れなかったが、ジャーナリストは予選とレース直後の1時間を除いて（混雑しているため）、自由にパドックに入ることが可能になった。またチーム側が了承すれば、取材目的でチームスタッフへの取材も可能になった。これで単行本の取材もはかどる。

コロナで2021年に2年ぶりに復活したモナコGP。モナコGP名物、街中のマールボロの広告は、たばこの広告ではなく、ソーシャルディスタンスを推奨するものに変更されていた

パドックに入り、このような撮影も可能になった

ホンダの勝機を感じ始めた大きな1勝

実はこのころ、私は単行本の構成をどうするかでも頭を悩ませていた。当初、この単行本は2021年限りでF1を撤退するホンダの、7年間の苦悩の道のりをラストイヤーの戦いとともに描く予定だった。マクラーレンをパートナーとして2015年にF1に復帰したホンダが、なぜ6年後に撤退しなければならなかったのか。撤退という厳しい現実が待ち受ける中、ホンダのスタッフはどのように最後1年間を戦っていたのか。つまり、「撤退」がテーマだった。

ところが、この年のホンダは2020年までとは異なり、開幕から王者メルセデスとどのレースでも接近戦を繰り広げていた。その戦いぶりを現場で取材していた私は、これまで感じたことがないホンダの強さを肌で感じていた。そして、ホンダを取材してきて、初めて「もしかしたら、ホンダがチャンピオンになるかもしれない」と思い始めていた。

そうなると、単行本の構成は根底から見直さなければならない。ホンダが好調であればあるほど、私の悩みは大きくなっていった。そして、その悩みはこのモナコGPでピークに達した。ホンダのパワーユニットを搭載するレッドブルを駆るマックス・フェルスタッペンが優勝したからだ。

伝統の1戦、モナコGPでの勝利はほかのグランプリとは別格だが、2015年にF1に復帰して以降はもちろん、2000年~2008年までの第3期F1活動時代には一度も勝てなかった。

2021年シーズンのモナコGPで優勝したマックス・フェルスタッペン選手。
写真提供「Red Bull Content Pool」

1992年のマクラーレン・ホンダ×アイルトン・セナ選手。写真提供「Marlboro」

ホンダが最後にモナコGPを制したのは第2期F1活動時代最終年となった1992年までさかのぼらなければならないほど、なかなか手にできなかった1勝だった。さらにこのモナコGPでの勝利で、レッドブル・ホンダはドライバーズ選手権とコンストラクターズ選手権の2つのタイトル争いで選手権リーダーとなった。ホンダが最後に選手権リーダーとなったのは1991年。レッドブルのクリスチャン・ホーナー代表も「ホンダが強かった時代、私はまだ学生だった。そのホンダと組んで選手権リーダーになったのは非常に感慨深い」と喜んでいた。

負けん気の強いホーナー代表でも選手権リーダーになって感慨にふけるほど、当時のメルセデスは強かった。2014年～2020年までドライバーズ選手権とコンストラクターズ選手権を連覇し続けていただけでなく、いずれもライバルを圧倒してタイトルを手にしていたからだ。そもそもメルセデスのドライバー以外がドライバーズ選手権でトップに立つことが珍しく、メルセデス以外のドライバーがリーダーとなったのは、2018年イギリスGP終了時のセバスチャン・ベッテル（当時フェラーリ）以来のことだった。

悩みは解消した。タイトルを獲得してもしなくても、チャンピオンシップを賭けてメルセデスと激しい戦いを演じることは間違いない。単行本はF1復帰直後のどん底の状況から、ホンダはいかに頂点を目指した戦いを挑むようになったのかを記すことにしようと決めた。

モナコGPの勝利は、それほど大きな1勝だった。

【第7話】絶体絶命の危機

約2か月間のアンドラ生活に別れを告げるはずが

2021年のF1シーズンで、ホンダはモナコGPの後も好調を維持。アゼルバイジャンGPはレッドブル・ホンダのマックス・フェルスタッペン選手がトップを快走しながら、レース終盤にタイヤトラブルに見舞われて勝利を逃したものの、チームメートのセルジオ・ペレス選手が優勝した。そしてアゼルバイジャンから再びアンドラに戻り、1週間後に控えたフランスGPへ荷造りを開始した。

第7戦フランスGPから第9戦オーストリアGPまでは3週連続開催で、その後はシェンゲン圏外のイギリスGPとなるため、もうアンドラへは戻ってこないからだ。もちろん、これまでもグランプリへでかけるごとに荷物を持ってチェックアウトしていたが、何週間も泊まっていた常連ということで、そのグランプリに持って行かないものはホテルの倉庫に置かせてもらっていた。しかし、今回はもう戻ってこないため、すべての荷物をスーツケースにまとめなければならない。アンドラ生活を快適に過ごすために現地で調達した電気製品や衣類、あるいは息抜きに運動するために買ったバスケットボールも、もう必要はない。ホテルのスタッフに譲って、約2か月間のアンドラ生活に別れを告げた。

ホンダはフランスGPでも逆転勝利を収め、続くオーストリアで行なわれたシュタイアーマルクGPも連勝。独走体制に入ろうとしていた中で、第9戦オーストリアGPを迎えた。オーストリアGPの舞台はシュタイアーマルクGPと同じレッドブルリンク。ホンダが連勝する可能性が高かった。構成を見直した単行本の取材も順調だった。

しかし、好事魔多し……。オーストリアGPの週末に、私たちは取材活動を継続するにあたって、最大の危機に直面することになる。

イギリスでデルタ（インド変異）株が猛威をふるい始めてしまった

ネックとなったのはイギリスからの渡航制限だった。この時期イギリスは脱コロナへかじを切り始めた。当時首相だったボリス・ジョンソン氏が7月5日に「ワクチン接種が進み、感染と死亡の関係を断ち切ることができた。コロナと共生する新しい方法を見つけなければならない」と発表し、イギリス政府がさまざまな制限を撤廃する方向を打ち出したからだ。7月に行なわれたサッカーの

シュタイアーマルクGPの様子

オーストリアGPの舞台となるレッドブルリンク

ヨーロッパ選手権（ユーロ２０２０）決勝やウインブルドンはほとんどの観客がノーマスクだった。

ところが、この時期のイギリスはデルタ（インド変異）株が猛威をふるい始め、新規感染者数が1日5万人にものぼっていた。そのため、ヨーロッパ各国を中心に世界各国はイギリスからの渡航者に厳しい制限を設けていた。イギリスＧＰの次にＦ１を開催するハンガリーはその中でも最も強い措置をとっていて、ハンガリー国民かハンガリーに居住している者、あるいはハンガリーの会社に雇われている者以外はイギリスからの入国を禁止していた。

ただし、Ｆ１関係者にはメディアも含めて、主催者から特別な招待状が与えられ、グランプリ自体も問題なく開催された。問題は日本人の私たち2人だ。というのも、その招待状は基本的にグランプリ開催1週間前にしか配布されないからだ。イギリスＧＰ直後にハンガリーへ移動して用もないのに2週間もとどまる者はレース関係者にいないのだ。

単純にイギリスからハンガリーへ行くことだけ考えれば、イギリスＧＰの後、1週間イギリスにとどまって、招待状を受け取ってからハンガリーへ向かえばいいのだが、私たち2人は夏休み期間中に日本でワクチン接種する計画を立てていた。ちょうどそのころ、パドックでは「夏休み以降の後半戦はワクチンを2回接種した者しかパドックに入れなくなるかもしれない」という〝うわさ〟がもち上がっていたからだ。

ワクチンを2回接種する際、2回目は1回目から最低でも21日後以降でなければならなかった。

2021年の夏ごろに行ったオーストリアのレストランでは、
海外からの渡航者に対しては24時間以内の陰性証明がない場合は入店させてくれなかった。ただし、店側が持っている検査キットで自主検査（無料）をその場で行なって15分ほどで判定して陰性なら入店できたのだ

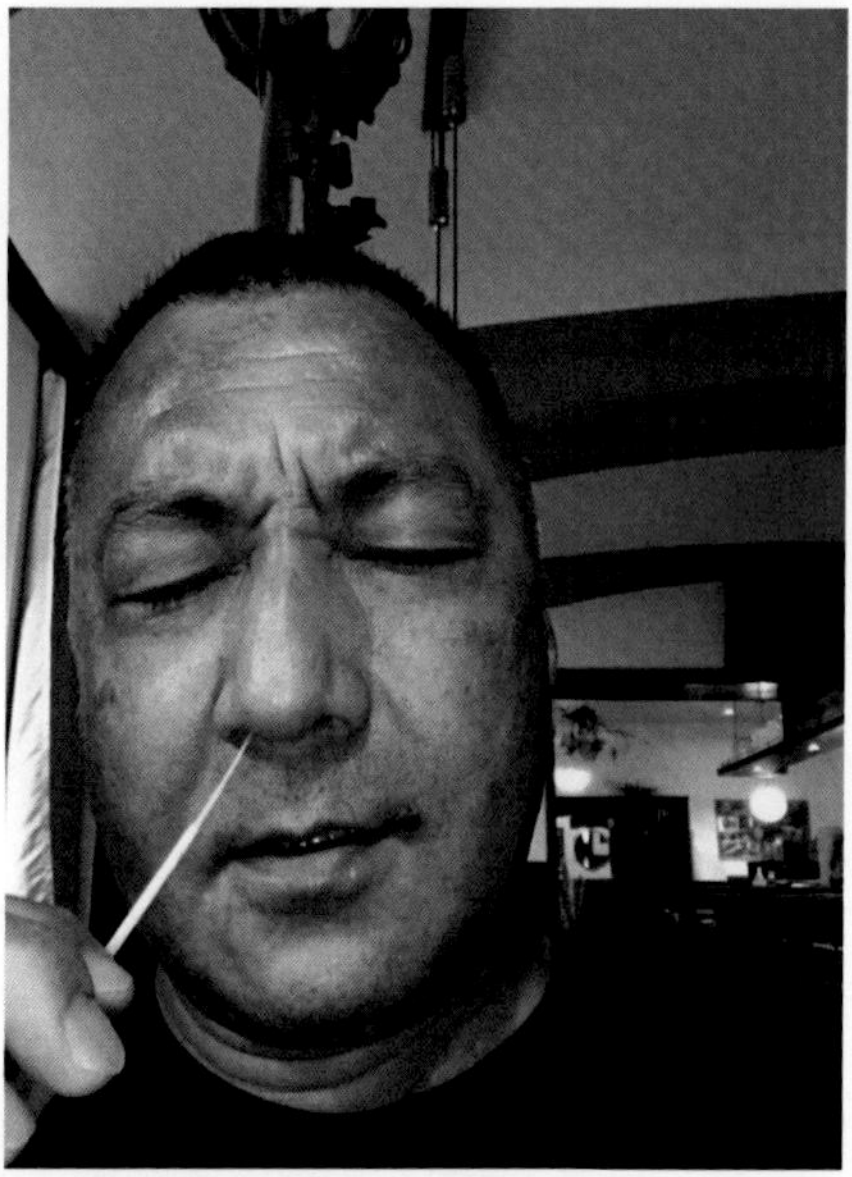

レストランで食べるために検査キットを実施

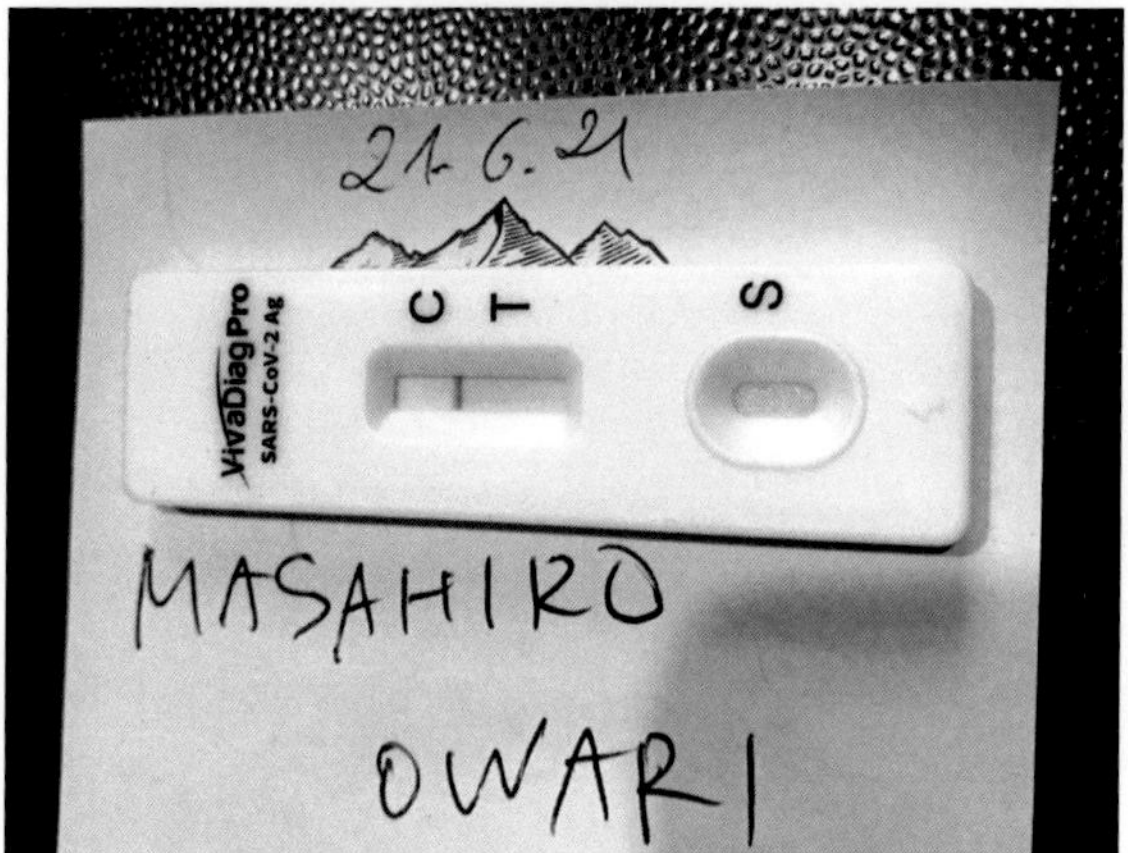

セーフ判定で無事にレストランへ入店できた

ハンガリーGPの決勝日が8月1日だから、その翌日の2日ハンガリーを出国して、3日に帰国すると21日後は8月24日。夏休み明け緒戦のベルギーGPは8月27日に開幕するから、26日には日本をたたなければならない。そうなると、日本でワクチンを2回接種を完了するためには3日に帰国した後、4日までには1回目のワクチンを接種しなければならない。

ところが、日本もイギリスからの渡航者に対しては、入国日の14日以内にイギリスに滞在した者は一定期間の隔離措置をとっていた。8月3日の14日前は7月20日。つまり、7月19日にはイギリスを出国していないと、3日に帰国しても強制的に隔離され、1回目のワクチンを受けられない。

当初、私たち2人はイギリスGPの後、いまレースが行なわれているオーストリアに再び戻ってきて、ここで1週間過ごした後、ハンガリーへ移動しようとしていた。オーストリアGPのスタッフに聞いても、「数日間の隔離措置はあるものの、イギリスからオーストリアへの入国に問題はない」と説明してくれていたからだ。だが、念のために自分でインターネットを調べると、それはオーストリア人が自国に帰国する際の話で、日本人には該当しないことが判明した。

そうなると、私たちの選択肢は2つしかない。1つは日本でのワクチン接種をあきらめて、このままイギリスGPとハンガリーGPを取材する。もう1つは日本でのワクチン接種を優先して、ネックとなっているイギリスへの渡航をあきらめて、オーストリアにとどまって、そこからハンガリーに飛んでレースを取材してから帰国する。

だが、どちらの選択肢にも問題があった。前者はワクチン接種をしていないため、夏休み明けに取材ができなくなる可能性があった。後者はイギリスGPの取材を自ら放棄し、ホンダのF1ラストイヤーの全戦取材をあきらめなければならないということだ。

オーストリアGPでもホンダの勢いは衰えることなく、フェルスタッペン選手がポール・トゥ・フィニッシュを飾った。レース後、メルセデスのトト・ウォルフ代表がホンダでマネージングディレクターを務めていた山本雅史さんのもとを訪れ、祝福していた。ウォルフは握手をした後、山本さんに「少しスピードを抑えてくれよ」と語り、モナコGPからのホンダの5連勝にすっかり脱帽している様子だった。

しかし、その様子を取材していた私の心の中は穏やかではなかった。サーキットからホテルへ帰る途中、絶望感で私たちはほとんど会話をする余裕はなかった。スピーカーからは私のスマホに入っていた馬場俊英さんの「スタートライン」が静かに流れていた……。

2021年のオーストリアGPで、ポール・トゥ・フィニッシュを飾ったフェルスタッペン選手

メルセデスのトト・ウォルフ代表が、ホンダのマネージングディレクターを務めていた山本雅史氏のもとを訪れ祝福

【第8話】救世主、現る

国によって異なる新型コロナの対応に追われる日々

新型コロナによる渡航制限が世界各国で実施されていた2021年は、海外を渡り歩いている日本人はほとんどいなかった。各国の出入国の制限も刻々と変化していた。

オーストリアGPで取材継続の危機に直面した私と熱田カメラマンは、とりあえず次のグランプリ開催地のイギリスへ飛ぶことにした。この時期のイギリスがヨーロッパ各国から受け入れを拒絶されていたことは、ロンドンとヨーロッパ各国を結ぶ直行便が軒並みキャンセルされていたことでも分かる。私たちもオーストリアからロンドンまでと、ロンドンからブダペストまでの片道航空券を買っていたが、2便ともキャンセルとなり、ウィーンからフィンランドのヘルシンキ経由でロンドンを目指すことになった。

問題はその後だ。イギリスからやってくる日本人を受け入れ、かつ1週間後にハンガリーへ入国可能なヨーロッパの国を、イギリス滞在中に探し出さなければならなかった。さらに、その国が日本政府から入国に際して制限を受けていない国であることも重要だった。ここで間違った選択をして移動してしまうと、その後の取材活動に大きな影響をきたす可能性があるため、インターネットの情報だけでなく、各国にある日本の領事館や旅行代理店にも情報を確認してもらい、慎重に計画を立てた。

オーストリアGPからイギリスGPまでは2週間のインターバルがあり、そのうち10日間は宿泊施設で自主隔離しなければならなかったので、私たちには考える時間はあった。オーストリアをあきらめた私たちが次に考えたのがドイツだった。しかし、フランクフルトにある日本領事館のスタッフに電話で確認すると「オーストリア同様、ドイツもイギリスからの特別な渡航証を持たない日本人を受け入れてはいない」という回答だった。

そこで、私はそのスタッフにこちらの事情をすべて話して、イギリスGP直後に日本人の渡航者を受け入れ、かつハンガリーと日本へ制限なしに入国できる国がヨーロッパにないかを正直に尋ねてみた。すると、そのスタッフは「イギリスからの入国の際に自主隔離が5日間ありますが、その後、ハンガリーへ行くことも、その後日本へも制限なしで入国できる国があります」と教えてくれた。その国はイタリアだった。

イギリスからイタリアへの入国の際に5日間だけホテルで自主隔離すれば、その後ハンガリーへ渡航するもでき、かつ日本へも隔離なしで帰国できる。すぐに旅行代理店へ7月19日発ミラノ行き

自主隔離期間中は自分で検査キットを購入し、宿泊施設まで届けてもらい、指定された日に自分で検査して送り返していた

の航空券の予約を入れ、その1週間後にミラノからブダペストへの航空券も手配してもらった。

これでとりあえず、ハンガリーGPまで取材活動を続けられるうえに、日本への帰国後にワクチンも接種できる見通しがたった。すでにイギリスで10日間の自主隔離を経験している私たちには、イタリアでの5日間の自主隔離はもう怖くはなかった。

イギリスでの自主隔離を終えた私は熱田カメラマンと再会し、今後のスケジュールを確認。ところが、ここで私たちにもう1つの難題が浮上してきた。それは日本へ帰国した際に提出するPCR検査の陰性証明書だった。ワクチン接種証明書がまだ一般的ではなかった2021年は、どの国も入国に際してPCR検査の陰性証明書が必要だった。日本も同様だったが、その書式が日本だけ厳格で、厚生労働省が用意したフォーマットでなければならなかったのである。PCR検査をやった方なら分かると思うが、陰性証明書というのは検査会社のフォーマットで勝手に出されるもので、こちらが用意した用紙に書き込むなんてことは受け付けていない。日本国内でも無理なことを海外で外国人相手にやってもできないことは自明の理。

そのため、厚生労働省は必要な条件が記入されていれば、必ずしも厚生労働省が用意したフォーマットでなくてもよいとホームページに記していた。ところが、日本行きの飛行機を運行している航空会社がそのことを理解していないケースが多く、チェックインのときに「指定された書式ではない」といって搭乗を拒否するケースが頻発していた。

Sample

Quarantine Station,
Ministry of Health, Labour and Welfare, Japanese Government

COVID-19 に関する検査証明
Certificate of Testing for COVID-19

交付年月日
Date of issue____________

氏　名　　　　　　　　　　　　　　パスポート番号
Name ____________________,　Passport No. ____________,
国籍　　　　　　　　　　生年月日　　　　　　性別
Nationality________,　Date of Birth__________,　Sex___________

上記の者の COVID-19 に関する検査を行った結果、その結果は下記のとおりである。よって、この証明を交付する。
This is to certify the following results which have been confirmed by testing for COVID-19 conducted with the sample taken from the above-mentioned person.

採取検体 Sample （下記いずれかをチェック/Check one of the boxes below）	検査法 Testing Method for COVID-19 （下記いずれかをチェック/Check one of the boxes below）	結果 Result	①結果判明日 Test Result Date ②検体採取日時 Specimen Collection Date and Time	備考 Remarks
☑鼻咽頭ぬぐい液 Nasopharyngeal Swab ☐唾液 Saliva	☐核酸増幅検査（RT-PCR 法） Nucleic acid amplification test (RT-PCR) ☑核酸増幅検査（LAMP 法） Nucleic acid amplification test (LAMP) ☐核酸増幅検査（TMA 法） Nucleic acid amplification test (TMA) ☐核酸増幅検査（TRC 法） Nucleic acid amplification test (TRC) ☐核酸増幅検査（Smart Amp 法） Nucleic acid amplification test (Smart Amp) ☐核酸増幅検査（NEAR 法） Nucleic acid amplification test (NEAR) ☐次世代シーケンス法 Next generation sequence ☐抗原定量検査* Quantitative antigen test* (CLEIA)	☑陰性 Negative ☐陽性 Positive →入国不可 No entry into Japan	① Date(yyyy /mm /dd) 2021 / 4 /2 ② Date(yyyy /mm /dd) 2021 / 4 /1 Time AM (PM) 2 :30	

* 抗原定性検査ではない。
Not a qualitative antigen test.

医療機関名　Name of Medical institution ____________________
住所　Address of the institution ____________________
医師名　Signature by doctor ____________________

印影
An imprint of a seal

当時、厚生労働省が用意していた陰性証明書そんな私たちに手を差し伸べてくれたのが、ホンダの山本雅史さんだった。実はハンガリーGPを終えた後に日本に帰国するのは私だけでなく、ホンダのスタッフも数名帰国することになっていた。F1は夏休み期間中に2週間仕事をしてはいけない期間が設けられていたため、日本から長期出張でヨーロッパに来ていたスタッフにとっては里帰りするちょうどいい機会だった。そのホンダのスタッフも私たちと同様にPCR検査の陰性証明が必要だった。ホンダには会社として社員が安心して移動できるよう旅行代理店と提携してさまざまなサポートを受けている。その旅行代理店によれば、フランクフルト空港に日本書式に対応したPCR検査場があるという。さっそく予約を入れ、8月2日にフランクフルト空港でPCR検査を受ける手はずを整えた。

こうして、オーストリアから抱いていた絶望感は、イギリスGP期間中に徐々に薄れていった。その絶望感を歓喜に変えたてくれたのが、国際自動車連盟(FIA)からの1通の書類だった。なんと、FIAのメディア担当スタッフが私たち2人のためにハンガリーGP主催者から特別に招待状を早く取り寄せ、イギリスGPの土曜日に手渡してくれたのである。これで晴れて私たち2人はイギリスGPの翌日にイギリスを発ってハンガリーに入国できることになった。すでにイタリア経由での飛行機を発券していたが、旅行代理店に連絡して、ハンガリーへの直行便に変更。変更手数料は高くついたが、隔離なしでハンガリーへ行けるなら安いものだった。

オーストリアGPではホンダが勝ったのに絶望感を味わったが、1週間後のイギリスではフェル

2021年シーズンのイギリスGPでハミルトンと接触してリタイアに終わった
フェルスタッペンのマシン

FIAのメディア担当スタッフ

スタッペンがリタイアに終わったのに、私の心の中にあった絶望感は消えていた。それは取材が継続できるからだけでなく、ホンダやＦＩＡをはじめ多くの関係者が私たち２人のために動いてくれたことがうれしかったからだった。

いざ、ハンガリー。そして日本へ。２０２１年シーズンはようやく折り返し点を通過した。

【第9話】異なる最後の1年

トヨタとホンダのF1撤退は何が違うのか

イギリスからハンガリーへ移動した私は、さっそく単行本の取材活動を継続した。

私は2010年に、2009年限りでF1を撤退したトヨタのF1活動を記した「トヨタF1最後の一年」という単行本を書いていたから、今回は2度目の「最後の一年」となる。しかし、トヨタのときと今回のホンダの本では取材も構成も書くアプローチもまったく異なっていた。

トヨタのときは、撤退発表自体がシーズン最終戦が終了した後の11月4日だった。最終戦のアブダビGPの決勝レースが11月1日だったから、シーズン終了3日後のことだった。

実はこのことはレース前にある方を通して知らされていた。でも、それが真実かどうか、私はトヨタのスタッフに確認することはできなかった。しかし、レーススタート前のグリッドでトヨタのスタッフが私を見つけると積極的に撮影に応じてくれて、その笑顔の瞳の中に光るものを見たとき、知らされた事実が間違っていなかったと悟った。だから、あの最終戦では私はトヨタだけをひたす

2009年当時トヨタF1のチーム代表の山科忠氏

ら追い続けた。

そんな中、小林可夢偉選手が素晴らしい走りで6位入賞した。レース後、笑顔でチームスタッフの元に帰ってきた可夢偉選手。そのとき、可夢偉選手は「これで来年のシートは間違いない」と喜んでいたというが、すでにこの時点でトヨタはF1から撤退することを決定していた。だから、可夢偉選手が笑顔なのに対して、トヨタのスタッフが涙ぐむ者もいた。でも、その意味を私は可夢偉選手に教えることはできなかった。

撤退が発表された後、トヨタに取材を申請し、ファクトリーがあるドイツ・ケルンへ飛び、約1週間、関係者に話を聞き、取材をした。取材中、声を詰まらせ、涙を流したスタッフもいた。あれほど心を苦しめながら取材したことはそれまでなかったし、それからもない。

それでも私は取材をやめたり、執筆する手を止めたりしようとは思わなかった。なぜなら、あのときトヨタのスタッフはやり残したことを私に代弁してほしかったに違いないと感じたからだ。だから、涙ながらに語るスタッフに、私は質問を続けたし、ICレコーダーのスイッチを切ることもなかった。そうやって、「トヨタF1最後の一年」は作られた。

あれから12年。ホンダのF1撤退は、トヨタとは状況が大きく異なっていた。ホンダはすでに撤退することが発表された後にラストイヤーを迎えた。しかも、トヨタは1勝もできずにF1を去ったのに対して、今回のホンダはすでに勝利を挙げているだけでなく、チャンピオンシップ争いを演

2009年当時の小林可夢偉選手の走り

2009年当時の小林可夢偉選手

じている。だから、単行本のテーマもトヨタのときは「どのようにして撤退に至ったのか」、そして「その会社が下した決定には現場スタッフはどんな思いで最終戦まで戦い続けたのか」だったが、ホンダの単行本で私は撤退することをメインのテーマにしないことにした。

もちろん、ホンダのスタッフもF1参戦終了という本社の決定を喜んで受け入れている者は1人もいない。だが、トヨタのスタッフが本社の決定にあらがって、最後まで参戦継続を模索したのに対して、ホンダは決定自体は静かに受け入れていたように思う。ただし、ホンダには1年間、戦う時間が残されていた。それがトヨタと大きな違いで、ホンダは残された1年に自分たちの情熱を注げていた。それが、ホンダがこの年に投入した新骨格のパワーユニットであり、新スペックのバッテリだった。撤退に悔いはないといったら嘘になるが、ホンダはやり切って撤退しようとしていた。だから、今回の単行本ではいかにしてホンダがラストイヤーに、王者メルセデスとチャンピオンシップを争うまでになったのかを描くことにした。

そして、トヨタのときと同じようにホンダのスタッフも取材に協力的だった。それは、外からだけでは見えない努力をしてきたことを、メディアを通じて一般の方たちに少しでも知ってもらいたかったからだろう。

もちろん、トヨタのスタッフも、そしてホンダのスタッフも自分で執筆し、本を出すことだってできる。その代表的なのが自叙伝だ。しかし、文章というのは、執筆者にしか書けない内容であればあるほど、主観的な内容となる。文章というのは主観的になればなるほど、他人が読むと共感を得にくくなる。「本人はそう言っているが、本当かどうか」という疑問が読者に生じるわけだ。そこで必要となるのが客観性なのだが、主観的事実を客観的に伝えるということを1人で行なうのは非常に難しい。なぜなら、主観と客観は相反する行為だからだ。

そこで必要となるのがメディアだと私は考えている。ホンダのスタッフにしか知り得ない事実（主観的事実）を私が客観的に整理したうえで、それを伝えることにより、本人が語った主観的な事実を自分の中にある記憶に当てはめて共感できる。それが感動だ。

ハンガリーに到着してから4日後、1年延期されていた東京オリンピックが開幕した。多くの視聴者が日本代表から感動をもらった。F1において、日本のファンの中で、もっとも長く日本代表を務めていたのは間違いなくホンダだ。そのホンダのスタッフたちが語ってくれた事実を、いかに私がつなぎ合わせるのか。それは重圧でもあったが、ジャーナリスト冥利に尽きる光栄な仕事だった。しかも、その大役をトヨタだけでなくホンダでも任されるという幸せの作業でもあった。

スタート直後に赤旗が出て、ピットレーンを通過する各マシン

【第10話】帰国直後に食べた、あの味を忘れない

2021年の夏休み前、最後の1戦となったハンガリーGPで、レッドブル・ホンダの2台はライバルであるメルセデスのバルテリ・ボッタス選手が引き起こした多重事故に巻き込まれ、セルジオ・ペレス選手は直後にリタイア。マックス・フェルスタッペン選手もフロアやバージボードに大きな損傷を受け、なんとか10位に入賞するのが精一杯という結果に終わった。一方、ライバルのルイス・ハミルトン選手（メルセデス）が3位に入ったため、これでドライバーズ選手権トップは逆転。フェルスタッペン選手は2位に落ちた。

ハンガリーGPを終えた私は、ブダペストからフランクフルト経由で帰国の途についた。ブダペストの空港には、日本から長期出張に来ていた数人のホンダのスタッフの姿もあった。同じ便でドイツのフランクフルトへ。フランクフルト空港内にあるPCR検査場で検査を受け、数時間ホテルで仮眠をとってから、結果をもらいにいった。晴れて日本書式の陰性証明書を手にして、日本行きの便にチェックイン。離陸した直後に爆睡し、気がついたら、着陸態勢に入っていた。

2021年の全戦取材を目指して離日したのが4月15日。まだ日本では桜が咲いていた。それから、約4か月。帰国した8月3日の日本は、真夏だった。

2021年のハンガリーGPにて、多重クラッシュに巻き込まれてしまった
マックス・フェルスタッペン選手のマシン

多重クラッシュに巻き込まれ破損したマシンを眺めるマックス・フェルスタッペン選手

そのころの日本では、帰国者に対してPCR検査が義務付けられており、陰性の結果がもらえるまで空港から出られなかった。もし、ここで陽性と判定されれば、厚生労働省が指定する隔離施設で一定期間過ごさなければならず、帰国したその日に予定していたワクチン接種を打てない。それは、後半戦の取材に向けて出発する8月25日までに2回目のワクチン接種を終了できないことを意味する。つまり、それまでの苦労が水の泡となる。

帰国する直前までさまざまな手続きに追われていたため、日本行きの飛行機の中で爆睡していた私は、ほとんど食事らしい食事をしておらず、帰国直後から空腹感に襲われていた。しかし、PCR検査も、その結果が出るまでの待機所も空港のロビーなどの施設内で行なわれたため、レストランで食事することも売店などで軽食を調達することもできなかった。

約1時間後、ようやく陰性の結果が出て、日本への入国が許可された私は、熱田カメラマンと羽田空港からレンタカー会社のシャトルバスに乗って、空港近くの営業所へ。そのころの日本はまだ帰国者に対して公共交通機関の使用を許可していなかったからだ。

そこでレンタカーを借りた私たちは、レンタカー会社のスタッフが勧めてくれた近所のそば屋へ向かったが、あいにく定休日。帰国する前は、ざるそばとカツ丼が食べたかった私だが、4か月ぶりに日本で食べる日本の料理なら、正直なんでもよかった。しょうが焼きや焼き魚などの定食からラーメン、チャーハンの中華系、なんならモスバーガーでさえよかった。

しかし、予定外にＰＣＲ検査の結果が出るのに時間を要してしまったため、すでにランチタイムを過ぎ、営業している店自体が少なく、近所にあった焼肉屋さんに入った。行く前からネットで調べて狙っていたわけでもなく、特に有名なお店でもなかったけれど、涙が出るほどおいしかった。肉が〝○○牛〟とか、タレが〝秘伝〟だとか、そういうことの前に、ごはん（白米）が何よりおいしかった。

お腹も心に一気に満たされた私たちは、レンタカーに乗って、ワクチン接種を受けるべく、横浜にある某病院を目指した。そこで１回目のワクチン接種を行なった私たちは、２回目のワクチン接種の予約を21日後の８月24日に入れ、帰宅の途についた。ただし、私は帰国するにあたって、家族と話し合い、さらに５日間、ホテルで自主隔離することにした。

当時の日本はまだ緊急事態宣言が完全に解除されておらず、一般の旅行者はほとんどいなかったため、ホテルは割と空いていた。ただし、同時に外食産業も多くが閉店していたり、やっていても営業時間を切り上げていたため、ホテルでの食生活は近所のスーパーでお惣菜を買ったり、コンビニ弁当が中心になった。それでも、知らない土地で食べる今まで食べたことがない料理よりも、日本で食べるスーパーのお惣菜のほうが何倍もおいしかった。

ホテル暮らしの間、私は単行本の取材を見直してみた。というのも、ここまで私はサーキットの現場で取材活動してきたが、ホンダのＦ１活動というのはサーキットの現場だけでなく、イギリ

イギリス・ミルトンキーンズにあるHRD UK

HRD Sakura（現在のHRC Sakura）

ス・ミルトンキーンズにあるHRD UKや、日本にあるHRD Sakura（現在のHRC Sakura）でも行なわれているからだ。そのため、夏休みに帰国した際には、ぜひとも栃木県さくら市にあるHRD Sakuraに出向いて、開発現場の取材がしたかった。だが、帰国直前に再び緊急事態宣言が出された関係でそれらの予定はすべてキャンセルしなければならなくなった。

それでも、今回の単行本では、サーキット現場の戦いだけでなく、開発現場の声も盛り込みたい。ホンダの関係者に再び打診することにした。

【第11話】単行本の核となった元本田技術研究所社長インタビュー

ホンダのF1単行本の取材を進めてきた中で、ホンダの関係者から、「現場にはほとんど来ていなかったけれど、ぜひ、取材したほうがいい」と言われていた人がいた。その1人が、かつて本田技術研究所で社長を務めていた松本宜之（よしゆき）さんだ。

松本さんは、1981年に本田技研工業に入社し、エンジニアとして3代目「シビック」や4代目「アコード」、そして2代目「インテグラ」などの車種開発に携わったのち、初代「フィット」の開発責任者（LPL：ラージプロジェクトリーダー）を務めたホンダのエースで、ホンダが2015年にF1に復帰した翌年の2016年から、本田技術研究所の社長を務めていた。

松本さんは本田技研工業の専務としてF1担当の執行役員も務めていて、いわばホンダF1活動の総指揮官とも言える存在だった。

インタビューは対面形式で都内にあるホンダの関連会社の会議室で行なわれた。いつもの取材よりも緊張していたのは、松本さんがホンダの中でもかなり高い役職を務めていた人物だったというだけでなく、この取材で松本さんに聞かなければならない質問が、ホンダにとって耳の痛い話となるからだ。

ホンダの第4期F1活動の総指揮官とも言える存在だった松本宣之さん

ホンダの第4期F1活動をまとめた「歓喜」は、チャンピオンを獲得した2021年シーズンの戦いを軸に描かれている。ただし、同時にホンダはそれまでの数年間、苦杯をなめ続けてきたことも事実だった。第4期のF1活動を締めくくることになった2021年にホンダがどのようにしてチャンピオンシップ争いに挑んでいたかを描くには、それまでの6年間、ホンダはどんな苦しい戦いを続け、そこからどうやって挽回していったのかも同時に描く必要があった。それを明らかにすることで初めて、ホンダの歓喜する姿が鮮やかに見える。

だが、それを尋ねることは、ホンダがどんな失敗をしてきたのかをつまびらかにしなければならない。果たして、ホンダの研究所の社長を務めた経験もある松本さんが、そんな自らの恥部とも言える問いに応じてくれるのか、私は心配だった。

ところが、それは杞憂に終わった。松本さんはつまらないプライドなど持たない、真実だけを語る純粋なエンジニアだった。

松本さんが本田技術研究所の社長となった2016年は、ホンダがF1に復帰して2年目で、ライバル勢から大きく水を空けられていたころだった。そこで、ホンダは2017年に当時、最強だったメルセデスに追いつこうとメルセデスと似たようなレイアウトにした新しいパワーユニットを投入することにした。しかし、その新しいレイアウトはターボとコンプレッサーがエンジンの前後に分かれていたため、それをつなぐ軸がこれまでレースエンジンを開発してきた者にとって経験したことがないほど長いものとなって、ホンダのエンジニアたちを苦しめていた。シャフトがある回転域になると共振し、軸の中心にあるMGU-H（ターボにジェネレータがついたハイブリッドシステム）にダメージを与えるというトラブルを序盤戦から続出させていた。

四輪では未知の技術だったが、じつは航空エンジンの分野ではすでに研究を重ねられていた技術だった。しかし、エンジニアは優秀になればなるほどプライドもまた高くなる。自分たちが解決できない問題をほかの部署の人間に助けてもらうことは研究者としてのプライドが許さない。F1の開発を行なっていたHRD Sakuraのエンジニアたちが壊れたシャフトを見て、解決策がなかなか見つからずに思案に暮れていたとき、松本さんに声をかけたのが航空機エンジンR&Dセンターの輪島善彦センター長だった。

本田技術研究所にはF1の開発を行なっていたHRD Sakura（現HRC Sakura）のほかに量産車の開発を行なう部門、ホンダ・ジェットなどの航空機の開発を行なう部門、先端技術を扱う部門などさまざまなカテゴリーがある。通常、これらの部門はそれぞれのプロフェッショナルがつどって研究しているため、部外者との交流は行なわれないのだが、前述のように当時、松本さんは本田技術研究所の社長を務めていたため、カテゴリーの垣根を越えてそれぞれのエキスパートと話ができる立場にあったのだ。輪島センター長はこう言った。

「松本さん、このあいだシャフトのレイアウトの図面を見たんですけど、私たち航空エンジン部門のスタッフからすると、あれはダメだと思うんですよね」

ここまでは、単行本でもおおむね書いたのだが、その後、単行本には入れることができなかったがこんなことを語っていた。

「あの輪島が言ったひと言でね、これなら勝てるかもしれないなと一瞬、陽が射しました。あれがきっかけになって、それからホンダの研究所にいるいろんなメンバーが協力し合ってF1プロジェクトを大きく前進させることができたかな、と」

第4期のホンダF1活動において大きな転換点となったのはまさにこのときで、それまではF1のスタッフだけで開発していたのを、研究所内の垣根を越えてオール・ホンダ体制でパワーユニットの開発を推進したことだった。そして、それを下命したのは松本さんであり、ホンダF1のV字回復の重要な役割を果たした最大の功績だった。

また松本さんは「何気ないひと言、あるいは雑談の中に結構決定的なものが隠されていることがある。あの数年間は、そんなようなことを大変勉強させていただきました」とも言っていた。

松本さんはその後、2019年4月に本田技術研究所の社長を退任し、同年6月には本田技研工業の専務取締役も退任し、ホンダを去った。

松本さんがLPLを務めた初代フィットは、2002年の新車販売台数のランキングで、33年間連続首位を誇っていたトヨタの「カローラ」を抜いて、このカテゴリーでホンダ車として初めて首位を達成するほどの空前のヒット作となった。さらにF1でものちに新骨格のパワーユニットを投入するリーダーとなる浅木泰昭さん（前HRC四輪レース開発部部長）をF1のプロジェクトに引っ張るなど、松本さんこそ、ホンダF1が現在の礎を築く最大の功労者だったと思う。

そして、単行本の「歓喜」を執筆するうえでも、松本さんの言葉はストーリーの根幹を形作るうえでなくてはならないものとなり、重要なインタビューとなった。〝いい単行本になる〟という手応えをつかむことができたのを覚えている。貴重な時間を作っていただいた松本さんをはじめ、インタビューを実現していただいた関係者の皆さんには、本当に感謝してもしきれない。

このインタビューは2021年の8月に行なわれたから、ちょうどホンダがメルセデスとチャンピオンシップ争いをしている渦中だった。そのインタビュー会場には当時、ホンダF1のマネージメントディレクターを務めていた山本雅史さんもいた。私とのインタビューを終えた松本さんは、別室から出てきた山本さんを見つけると、「いろいろ大変だと思うが、頑張れよ」と励ましていた。ホンダが歓喜するのは、それから約3か月半後のことだった。

浅木泰昭さん（前HRC四輪レース開発部部長）

ホンダF1のマネージメントディレクターを務めていた山本雅史さん

【第12話】Ｆ１速報の協力

ホンダの取材を順調に進めていた２０２１年の夏。単行本を刊行するにあたって重要な決定を行なおうとしていた。それは、編集者の選定だ。すでにインプレスから出版されることは決まっていたが、社内にはモータースポーツ専門の編集者で、かつ単行本を担当できる余裕のあるスタッフを準備するのが難しい状況にあった。編集作業は単行本に限らず、活字媒体にとって中核をなす重要な仕事。単行本の取材を進めながら、過去に一緒に仕事した仲間たちの顔が思い浮かんでは消え、また思い出すという日々が続いていた。

それと同時に、私にはこの時期、もう1つ懸念していた事情を抱えていた。それは、これから単行本の執筆作業に集中していくことになるため、仕事の依頼を極力制限しなければならないということだった。

２０２1年はまだ新型コロナが完全に終息しておらず、日本からＦ1の取材を全戦行なっていたジャーナリストは私だけだったこともあり、日本のメディアからの執筆依頼は例年よりも殺到していた。

しかし、この連載の第7話や第8話で書いたように、コロナ禍での取材は移動するのにさまざま

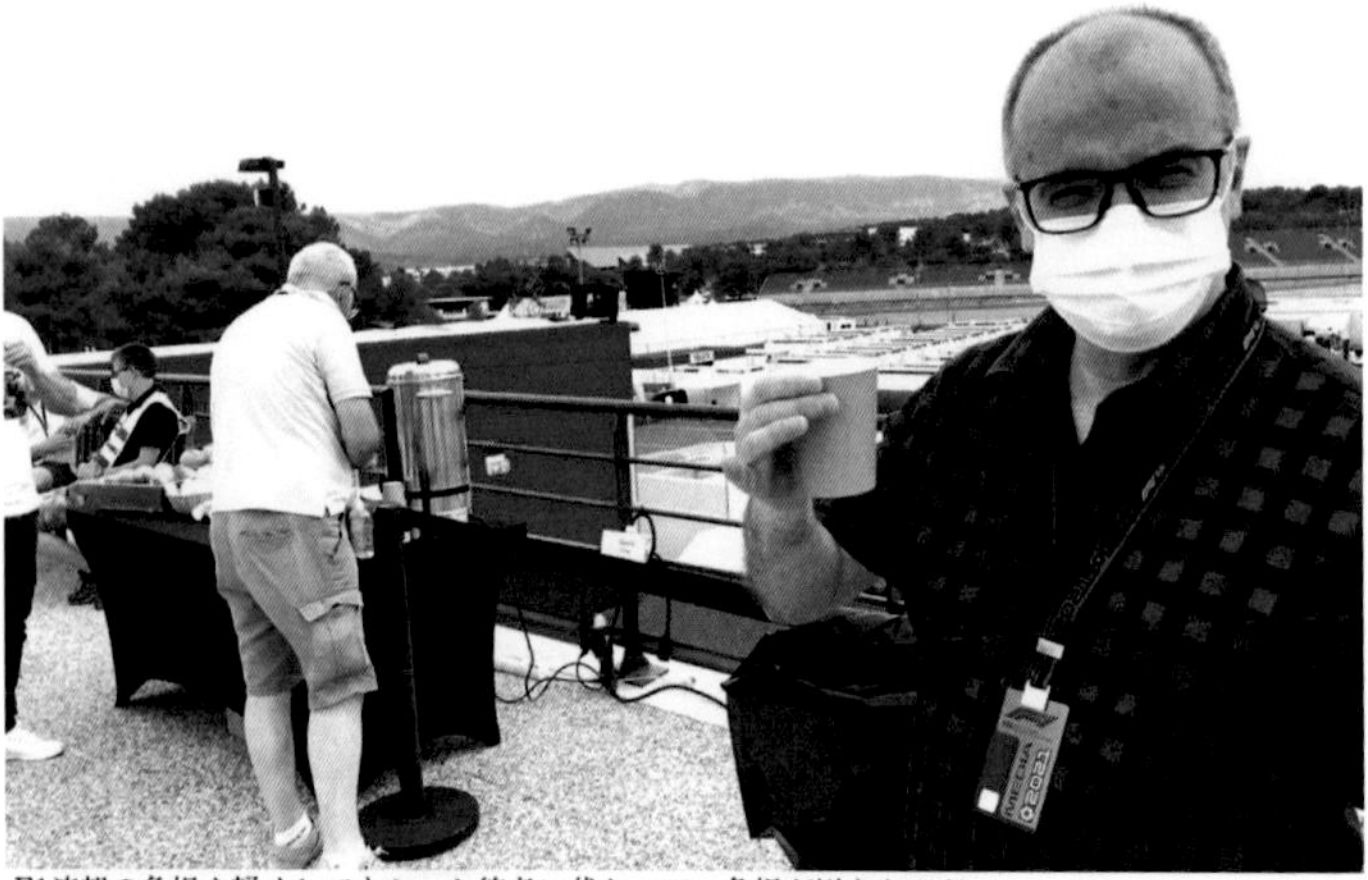

F1速報の負担を軽くしてもらった筆者に代わって、負担が増えたのが、
F1速報でメインライターを務めているルイス・バスコンセロス氏。
筆者と同じ年で1990年代からの旧友。トーチュウでも協力し合う仲だ

コロナ禍でグランプリが開催されていた2021年の取材活動は、いま思い返してみても、
なかなか大変だった。特にPCR検査はひと苦労した。各サーキットにPCR検査場があり、
みんなそこへ行って、陰性証明書をもらっていた。元F1ドライバーたちも例外ではなく、
フェリペ・マッサ氏も、同様に検査を受けていた

な手続きが必要で、それらの作業は執筆する時間を削って行なわなければならなかったため、申し訳ないのを承知で執筆依頼はかなり制限しなければならなかった。

そんな中、これから単行本の執筆活動が本格的に始まろうとしていた。私はこれまで数冊の単行本を上梓したことがあるが、執筆活動はいずれも、シーズンが終了した12月から2月のオフシーズンだった。シーズン中は取材活動と両立するのが難しいからだ。

だが、今回のホンダの単行本に関しては、シーズン終了後、できるだけ早く出版したかったため、シーズン中から執筆活動を開始する必要があった。そうなると、どうしてもシーズン中に執筆しているレギュラーの仕事の量を調整しなければならない。

最初にお願いしなければならなかったのは、レース速報誌の「F1速報」だった。

筆者はもともと「GPX」という別のF1速報誌の編集長を務めた経験があり、F1速報はいわばライバル誌だったが、編集者やそのライターたちとは友好的な関係を築いていたこともあって、GPX卒業後、フリーランスになってから、少しずつ仕事をいただくようになっていた。

その仕事も徐々に増え、数年前からはレギュラーページを数本持つようになっていた。しかし、前述の理由から、2021年シーズンが始まってから、そのうちのいくつかはほかのライターにお願いしてもらったり、担当する連載の負担を軽減してもらったりしていた。そのうえ、さらに単行本の執筆のために、制限してほしいというお願いである。原稿を書かせていただいている身としては、本当に失礼なお願いである。

そのお願いをするにあたって、単行本の話を隠しておくことはできないのは当然だった。そのとき、私はあることをひらめいた。単行本の編集者の存在だ。

現在、F1速報の編集作業をしているのは、「CINQ（サンク）」という編集プロダクションだった。そこにはモータースポーツに精通した優秀な編者者がいる。ならば、単行本の編集作業を行なうにはうってつけではないか。

しかし、そもそもF1速報からの執筆依頼を制限してもらおうとしている身でありながら、さらにこちらの要求を聞いてもらうというこの提案は、はたから見れば、本当に失礼な話だ。どのように切り込むべきか。そもそも、お願いするべきなのか。私は何度も思案を重ねた。

そしてベルギーGP出発の前日、私は電話で編集部の石原洋道さんにコンタクトをとり、直接会って正直に話をすることにした。石原さんは私からの提案をすべて聞くと、「これから帰って会社に相談してみないと分かりませんが、なんとかしましょう」と快諾してくれた。それは私にとって、何者にも勝る援軍だった。

その後、単行本を直接担当する編集者として、F1速報の編集で筆者が受け持っている連載を担当しているスタッフである干場千尋さんがつくこととなった。彼女はGPX、F1グランプリ特集で経験を積んだベテランで、F1の知識はもちろん、単行本の編集にも精通していた。

現場での取材を終え、メディアセンターを出るのは決まって最後。ということで、
ラストサムライならぬラストジャーナリストとなることもしばしば。こうして、
単行本「歓喜」は作られていった

筆者の事情を理解して、その後F1速報さんからの新規の執筆依頼はほとんどなくなった。そのおもいやりに報いるために、私は全力で取材と執筆活動を続けるしかない。その関係はその後、シーズン最終戦まで続いた。執筆活動はシーズン終了後も続いたため、オフシーズンに出版されるF1速報でも筆者への執筆依頼は大幅に制限してもらった。そのおかげで、筆者は1月と2月に、単行本の執筆活動に集中することができ、スケジュールどおり2022年の2月末に、脱稿した。

単行本を上梓することができたのは、筆者のわがままを聞いていただいた石原さんと、素晴らしい編集作業をしてくれた干場さんという存在があったからだった。この2人と、筆者の状況を理解してくれたCINQには本当に感謝している。

単行本「歓喜」は、F1速報の協力があったということを、この機会にお知らせしておきたい。

【第13話】２０２１年のＦ１日本ＧＰの中止

２０２１年の夏休みがもうすぐ終わろうとしていた8月18日、日本人にとって悲しいニュースが飛び込んできた。「２０２１年の日本ＧＰ、中止」の報だ。

日本ＧＰは新型コロナが世界的に感染拡大した２０２０年にも中止となったが、２０２０年に中止となっていた東京オリンピックが翌年の２０２１年に原則、無観客ながら開催されたため、Ｆ１の日本ＧＰも２０２１年は開催されるのではないかという期待が日本のファンの間では大いにあった。その期待に応えようと、Ｆ１と日本ＧＰ主催者であるモビリティランド（現ホンダ・モビリティランド）もさまざまな努力を行なっていた。

当初、Ｆ１とモビリティランドは日本のコロナの状況を考慮して、完全バブル方式で日本ＧＰを鈴鹿サーキットで行なおうとしていた。Ｆ１はすでに２０２０年にコロナ禍でバブル方式を導入して17戦を実施した経験があった。そのシステムは２０２１年にヨーロッパラウンドで若干緩和されていたが、日本ＧＰ開催を実現するために、Ｆ１側が再び完全バブル方式を復活させることを同意していた。

バブル方式は東京オリンピックでも採用されていたが、オリンピックはＦ１よりも選手や関係者

2021年シーズンの日本GP中止をF1ドライバーの中でもっとも残念がっていたのは
角田裕毅選手だろう

インタビューに応える角田裕毅選手

の数が多いためか、実際には競技を終えた選手が街中に繰り出すなど、それほど強力なバブル方式ではなかったと聞く。

それに比べて、Ｆ１が日本ＧＰで採用しようとしていた完全バブル方式は、Ｆ１関係者を観客から隔離するだけでなく、日本の一般の人々とも接触しないというかなり強力なバブル方式だった。関係者に聞いた話では、ロシアＧＰ後に日本ＧＰへ参加するレース関係者は全員Ｆ１側が用意したチャーター機に乗り、大阪と中部の２か所の空港から入国することにしていたという。

その後、全員を指定された鈴鹿市内のいくつかのホテルまで大型バスで移送し、チェックイン。バスでの移動は空港からホテルまでだけでなく、ホテルとサーキットもすべてバスで輸送することになっていた。つまり、レース関係者はホテルとサーキット以外に立ち寄ることができないという徹底ぶりだった。

現在でもマスクの着用率が高い日本人にとっては、このバブル方式はそれほど違和感がないかもしれないが、すでにマスクの着用義務がなくなっていたヨーロッパで生活しているＦ１関係者にとっては、サーキット以外はホテルに缶詰となるこの完全バブル方式は、かなり厳しい自主規制だった。

そのためレース関係者からモビリティランド側には、「せめてサーキット内にコンビニを作ってほしい」とか、「日本食が食べられるお店を臨時に設置してほしい」などという陳情があったと聞く。

実はこの完全バブル方式はレース関係者だけでなく、メディアも含まれていた。すでに夏休み前にF1側から「日本GPへ取材に行く予定があるメディアは事前に申請してほしい」という連絡があり、筆者も申請していた。日本GPを取材するメディアもチャーター機に乗ってホテルとサーキットをバスで移動することになっていた。そのため、メディアセンターも海外から来たメディアと日本国内から来たメディアで分ける予定だったという。つまり、筆者は日本に帰国してもレース前に自宅へ帰ることはできなかった。

それでも、筆者はそれを受け入れていたし、F1側も納得していた。そこまでして、日本GPを開催させようとしていた理由は、多くのレース関係者が鈴鹿でのF1を楽しみにしていたからだ。F1関係者が鈴鹿を愛する気持ちは、日本人が思っているよりももっと強いということをこのとき初めて肌で知った。それほど、鈴鹿はF1関係者に愛されていたし、同時に、F1関係者たちは、その大好きな日本をF1の関係者が入国することで感染拡大させたくないという思いやる気持ちも強かった。

東京オリンピックが開催され、それ以上の強力なバブル方式で臨もうとしていた日本GP。しかしF1の取材を春から夏にかけて海外で行なっていた筆者には、不安要素が1つあった。それは査証（ビザ）の発給だ。当時、海外からの入国者に対して、日本政府は行動の制限を施していた。行動制限なしにレース関係者が仕事するためには、日本政府から特別な許可が必要だった。その交渉が大変だった。

F1側は渡航へ向けての準備と、もし渡航できずに中止になった場合の代替え案を実施する時間的な関係から、日本GPを開催するかどうかのタイムリミットを8月10日に設定していた。しかし、日本政府から8月10日になっても、なかなか返事が来なかった。そこで断念してもよかったが、F1のCEOを務めるステファノ・ドメニカリ氏が、日本政府と交渉している主催者モビリティランドに対して、「あと1週間なら待てる」と、何とかして日本GPを開催させようと努力した。

モビリティランドもその期待に応えて、お盆休みを返上して8月17日まで粘り強く交渉を行なったという。そして、お盆休み明けの16日にすべての書類を提出したものの、芳しい答えは返ってこなかった。そこで、モビリティランドとF1側が17日に緊急会議を行ない、断念を決断。18日に中止の発表となった。

その報をF1ドライバーの中でもっとも残念がっていたのは、日本人ドライバーの角田裕毅選手だった。

角田選手は当時、「鈴鹿を楽しみにしていた日本のファンにとって、日本GPが中止になったことはもちろん残念で、僕も楽しみにしていたので、少し悲しい。ただ、正直予想はしていたし、発表される1日か2日前くらいに把握はしていました。だから、ある程度心の準備はできていたし、オリンピックの状況を見て、そうなるだろうなと思っていました。オリンピック開催時と状況は大

アルファタウリ・ホンダからF1へ参戦中の角田裕毅選手

2021年当時、ホンダF1のテクニカルディレクターを務めていた田辺豊治氏

きく変わっていないのに、F1が開催できなかったことには、正直クエスチョンマークもありますが、皆さんの健康が最優先なので、しょうがないと思います。楽しみにしていたので残念ですが、その分ヨーロッパでのレースだったり違う国のレースで自分がよい走りをして、その間にもっともっと強くなって来年戻って来られるように頑張っていきたい」と語ってくれた。

鈴鹿のレーシングスクールで腕を磨き、その後世界へ羽ばたいていった角田選手にとって、鈴鹿はレーシングドライバーとしての故郷だ。2014年の小林可夢偉選手以来、7年ぶりの日本人ドライバーとなった角田選手は、2021年シーズンはデビュー戦から日の丸が入ったキャップをずっとかぶっていた。その帽子をかぶって凱旋することを誰よりも楽しみにしていたに違いない。

もちろん日本人ドライバーだけではない。鈴鹿がホームコースのホンダの関係者にとっても、日本GPが2021年に開催されないという決定は大きな衝撃だった。当時、ホンダF1のテクニカルディレクターを務めていた田辺豊治氏は、「2020年に新型コロナが感染拡大し、その後鈴鹿が中止になって、この1年半で私たちはいろんなことを学び、2020年は17戦、2021年も夏休み前まで11戦やってきただけに、非常に残念な気持ちでいっぱいです。鈴鹿で開催される日本GPは、われわれホンダにとっては母国レースという以上に特別なグランプリでもありました。2021年の日本GPは、ホンダがパワーユニットマニュファクチャラーとして臨む最後の年だからです。日本のファンの皆さま、そして日頃から応援してくれているファンの方々、またF1プロジェクトにご協力いただいてる関連メーカーさんの前で、最後にレースをやりたかった。開催に向けて努力されたF1関係者、日本のモビリティランドおよびその関係者の皆さまには感謝しています。鈴鹿での日本GPはこれからも続くので、この先もF1を楽しみに応援していただければと思います」と、ホンダの現場スタッフを代表して語ってくれた。

そして、日本GP中止の決定は、ホンダF1の最後の1年をテーマに取材してきた筆者にとっても、単行本のコンテンツの予定を変更しなければならない事態となった。それでも、この決定は、いかに鈴鹿が愛されていたかを再認識するいい機会となった。そして、その事実は、それから1か月半後に明らかになる。単行本のコンテンツは変更されたが、鈴鹿を愛する者たちを取材する点では、何も変わりはなかった。

【第14話】最後のロシア取材

Ｆ１の取材を約30年しているが、Ｆ１が開催されていなかったら、訪れることがないだろうなと思う国がいくつかある。その１つが「ロシア」だ。

筆者が初めてロシアを訪問したのは、Ｆ１の取材を開始した１９９３年のこと。ただし、それはロシア訪問が目的ではなく、ヨーロッパラウンドの取材の飛行機代を節約するために、ロシアの国営航空会社のアエロフロート・ロシア航空のチケットを購入し、トランジットで途中モスクワに降り立ったのが最初だった。当時のアエロフロート・ロシア航空は日本から同日でヨーロッパへの乗り換えができず、モスクワで１泊しなければならなかったからだ。

空港の施設内にとどまることは許されず、翌日に乗り継ぐ乗客は専用のバスでモスクワ市内の宿舎に強制送還され、パスポートを取り上げられて、相部屋で一夜を過ごすという、今では考えられないシステムだった。

その後、アエロフロート・ロシア航空を利用することもなく、しばらくロシアへも行くことはなかったが、Ｆ１のカレンダーにロシアが加わった２０１４年に31年ぶりにロシアの土を踏んだ。今度はロシアＧＰ取材ということで、査証（ビザ）を手にしていたこともあり、ロシア入国後はパス

ロシアのアドラーにあるサーキット近くの住宅地内にあったカラオケ屋

ロシアの街中で見かけた放置車両

ポートを取り上げられることはなく、ロシアの街を自由に移動できた。

ただし、ロシアGPが開催されていた場所は、ソチの中心部から何十km も離れた2014年の冬季オリンピックの舞台となったアドラーという街に作られたソチ・オリンピックパークで、サーキットの周辺にはほとんど何もなく、当初F1関係者が宿泊したのはオリンピック用に作られた選手村の宿泊施設だった。

その後、開催を重ねるごとにサーキットの周辺にいくつかのホテルが建設され、民家や商業施設も増えた。それにともなって、メディアたちも選手村を出て、民間の宿泊施設に移った。

単行本の取材をしていた2021年は、イタリアGPの1週間後に開催される予定となっていた。コロナ禍という事情を考えて、私たち日本人メディアはイタリアGPの後、帰国せずにイタリアからターキッシュ・エアラインズでイスタンブール経由でソチへ入ることにした。ロシア渡航に必要な査証を取得するために、イタリアGP期間中にミラノにあるロシアの領事館へ足を運んだりもした。

ロシアと聞くと、筆者同様、年配の方は旧ソビエト連邦時代を想像し、どこか冷たい国を連想するかもしれないが、2010年代に入ってからのロシアは、多くの西側諸国の企業も進出していて、筆者が2019年に宿泊したのは、いわゆる個人でいくつかマンションを所有していた民泊業者だった。

2021年に予約した宿も民泊。キッチン付きのマンションだったので、自炊するために近所のスーパーマーケットに買い出しに行ったものだった。スーパーは日本よりもかなり小さく、品揃えも決して豊富とはいえなかったが、日本製の調味料があったり、アメリカ系のコーヒーショップの清涼飲料水があったり、ヨーロッパの東側諸国と大きく変わらないラインアップだった。

そのスーパーで毎日のように買っていたのが、焼きたてのピロシキだった。ピロシキもまた、最近の日本のオシャレなパン屋さんにはあまりなく、若い方にとっては馴染みがないかもしれないが、1980年代や1990年代のパン屋さんには必ずあった人気の惣菜パンで、カレーパンの中身をひき肉と一緒に春雨やシイタケなどを炒めた具材にした揚げパンである。

しかし、ロシアのピロシキは小さいパンの一般名称で、さまざまな種類がある。惣菜系のピロシキもあれば、ジャムなとが入った菓子パン系のピロシキもある。本場ロシアでは、日本人にとってのおにぎりともいえるほどポピュラーな存在で、2021年に私が宿泊していたマンションの近所のスーパーには自家製のピロシキが毎日売られていた。

ロシアGPが開催されはじめた2010年代は、F1とロシアの結びつきは急速に強くなり、2010年にはロシア人初のF1ドライバーとしてヴィタリー・ペトロフ選手がF1にデビュー。その後、ダニール・クビアト選手やセルゲイ・シロトキン選手がF1に参戦し、単行本の取材を行なっていた2021年にはニキータ・マゼピン選手が4人目のロシア人ドライバーとしてF1にデ

日本製の調味料も取り扱っている

見慣れたロゴのコーヒーもそろっていた

F1関連のお土産も売られていた

ロシアでは日本のおにぎりと同じような存在なのが「ピロシキ」だ

ビューしていた。

ドライバーだけでなく、多くのチームがロシアン・マネーを収入源の1つにしていた。しかし、ロシアGPが初めて開催された2014年に、ウクライナ領のクリミア半島が突如独立を宣言し、クリミア共和国が樹立され、自ら望む形でロシアに併合されたあたりから、筆者はロシアへの渡航にはどこかモヤモヤした気持ちを抱えていた。

2021年は単行本の取材があるので行ったが、それを最後にロシアへは行かないことを決めていた。

それから数か月後の2022年2月、ロシアはウクライナに侵攻。F1からロシア人ドライバーは消え、ロシアン・マネーも姿を消した。いつの日かロシアによるウクライナ侵攻が終わる日も来るのだろうが、F1が、そして私がロシアへ行くことは、もう二度とないだろう。

ロシア人として4人目のF1ドライバーとなったニキータ・マゼピン選手は地元でも大人気

【第15話】ありがとう号

２０２１年シーズンのＦ１は、最後にだれもが予想もしなかったエンディングで幕を閉じることになるわけだが、いま振り返ると、そこにいたるまでにはいくつもの奇跡が折り重なっていたという事実に驚かされることがある。

それらの奇跡のうちの１つが、２０２１年のトルコＧＰで実施されたレッドブルの「特別カラーリング」をはじめとした、さまざまな企画だった。

もともと、このアイディアはホンダＦ１の最後の母国グランプリとなる鈴鹿で、レッドブルのドライバーがホンダへの感謝の意味を込めて特別なカラーリングのレーシングスーツを着るというものだった。

レッドブルがホンダと組んだ２０１９年のシーズン終了後に、ホンダはマックス・フェルスタッペン選手を本田技術研究所に招待し、そのテストコースで佐藤琢磨選手とともに往年のホンダＦ１マシンである「ＲＡ２７２」を走らせるというイベントを行なった。そのとき琢磨選手はホンダが用意した白いレーシングスーツを着たのだが、それを見たフェルスタッペンが「これカッコイイじゃないか！」と気に入り、次の日本ＧＰで着ようとアイディアを温めていたが、２０２０年は新

リアウイングに「ありがとう」の文字を入れたアルファタウリ・ホンダのマシン

型コロナで日本ＧＰは中止となった。そこで「２０２１年こそ」とレッドブル陣営は、ホンダのデザインをモチーフにした白を基調とした特別なレーシングスーツの準備を進めていたが、日本ＧＰは再び中止。ホンダはその年限りでＦ１参戦を終了すると発表していたため、そのアイディアはお蔵入りとなるはずだった。

　ところが、日本ＧＰが中止になったことで、その前後のグランプリ開催スケジュールが見直されることとなった。

　日本ＧＰが中止になる以前は、６月25日に２０２１年の開催を断念していたシンガポールＧＰに代わって、トルコＧＰが10月１日〜３日に行なわれ、その翌週の10月８日〜10日に日本ＧＰが開催される予定となっていた。しかし、８月18日に日本ＧＰの中止が正式に決まったため、ロシアＧＰから２週連続で開催されることになっていたトルコＧＰを、１週間後ろ倒しとする新たなスケジュールを８月28日にＦ１側が発表した。

　この発表を受けて、ざわついたのがレッドブルとホンダの関係者だった。なぜなら、１週間後ろ倒しとなったトルコＧＰの開催日は当初、日本ＧＰが開催される10月８日〜10日となったからだ。ホンダは、このトルコＧＰを日本ＧＰの代替えレースと位置付け、日本ＧＰを楽しみにしていたファンに向けて、さまざまなファン参加型オンラインイベントを企画した。

　グランプリ開幕前日の10月７日には「Red Bull Racing Honda Special Call Live Event」として、

白いレーシングスーツを着るマックス・フェルスタッペン選手

フェルスタッペン選手とセルジオ・ペレス選手のレッドブルドライバー2人との公開オンラインライブセッションを行ない、日本のファンへ2人からメッセージが贈られた。また事前募集・抽選形式で選ばれた限定5名は直接オンラインで2人のドライバーに質問をする企画もあった。グランプリ前日のドライバーは、翌日からのセッションに向けて、エンジニアとのミーティングやさまざまな記者会見があって結構忙しい。そんな中でこのようなイベントに参加したのは、2人のドライバーとレッドブルがホンダをリスペクトし、日本のファンを大切にしているからだった。

さらにホンダの現場スタッフは、金曜日から3日間、白を基調にした、右肩に「ありがとう」の文字が入った特別シャツに身を包んで、レースを戦っていた。

レッドブルにとっても、1週間の後ろ倒しは自分たちの企画を実現させる絶好のチャンスとなった。スケジュールが変更されたことで、レッドブル側は白を基調とした特別なレーシングスーツをトルコGPで復活させるだけでなく、マシンも白を基調にした特別カラーリングに変更したいという提案をホンダに行なった。

というのも、この企画はデモラン用のマシンを白くするという単純なものではなく、実際にレースを走らせる2台しかないマシンのカラーリングを変えるため、時間を要した。カラーリング変更はファクトリーにマシンを一旦戻さないとできない。日本GPが中止になる前、トルコGPはロシアGPと2週連続開催となっていた。F1マシンなどの機材は、ロシアGPの後、直接トルコGP

現場スタッフが着ていた右肩に「ありがとう」の文字の入ったシャツ

が行なわれるイスタンブールへF1側が特別に用意したチャーター便で空輸されるため、カラーリングの変更は不可能だった。

しかし、1週間後ろ倒しになったため、レッドブルは他のチームとは別に自分たちでチャーター便を用意して、ロシアからイギリス、そしてイギリスからトルコへとパーツを空輸して、特別カラーリングを実現させた。

ただし、当時ホンダF1のマネージングディレクターを務めていた山本雅史氏は「単純に上塗りしたのではマシンが重くなる」と難色を示していた。そこで、レッドブルは、特殊な技術で加工したフィルムを表面に貼ることで、塗料による塗装よりも軽量化を実現させるだけでなく、カラーリング変更にかかる時間を大幅に短縮できる方法を発案。

そのアイディアをレッドブルのファクトリーを訪れたときにレッドブルのクリスチャン・ホーナー代表から聞かされた山本氏は「さすがはレッドブル」と改めて、レッドブルというチームの素晴らしさに感嘆したという。

その特別にカラーリングされたパーツは、バラバラの状態でイスタンブールに到着。サーキットで待っていたメカニックたちによってガレージで組み上がったのは本番2日前の10月6日の夜だった。レッドブルが自らのコーポレートカラーを変更してまで真っ白な特別カラーリングにしたのは、心の底からホンダへの感謝の意を贈りたかったからだが、実はレッドブルの中にこのプロジェクトの成功に尽力していた日本人スタッフがいたことも大きく関係していた。それは、江川愛奈（あきな）さんというパワーユニット・パートナーシップ・マネージャーだ。彼女がホンダとしっかりコミュニケーションをとってくれたおかげで、このプロジェクトは大きく前進した。

ただし、レッドブルはホーナー代表とヘルムート・マルコ氏（モータースポーツアドバイザー）しか、原則メディアの取材に応じないため、江川さんを取材できなかった。そこで山本さんに「山本さんが江川さんに感謝するという形で、江川さんの貢献があったことを単行本に加えたい」とお願いした。それが第9章の以下の部分だ。

「この企画やイベントを成功させるために尽力していただいたクリスチャン（・ホーナー代表）をはじめレッドブルのファクトリーの皆さんに本当に感謝してます。特にレッドブルでPUパートナーシップ・マネージャーとしてホンダとしっかりとコミュニケーションをとって仕事してくれた江川愛奈さんには感謝しています」

また、当時はそういった事情がすべてトルコGPの週末に明かされなかったため、トルコGPではホンダがパワーユニットを供給するもう1チームのアルファタウリのマシンが「ありがとう」の文字が入ったリアウイングだけの仕様にとどまったことに疑問の声もあがっていたが、アルファタウリにやる気がなかったわけではなく、あれは10チーム中、レッドブルしかできなかったアイディアと行動力と技術だったということを付け加えておきたい。

ホンダへの感謝を表現した2021年の特別カラーリング号と白いレーシングスーツ

リアウイングに「ありがとう」の文字を入れたレッドブル・ホンダのマシン

あの日イスタンブールで走った2台の特別カラーリングと、「ありがとう」の文字が入ったリアウイングをまとった4台のマシンは、本当に輝いていたし、力強い走りを披露してくれた。日本GPが中止になったことは残念だったが、2021年10月10日が多くの人々に忘れることができない記念日となったに違いない。

【お詫びと訂正】記事初出時「江川愛奈」さんのお名前を「江川愛菜」さんと誤って記載しておりましたので、謹んでお詫びして訂正させていただきます。

【第16話】ホンダを愛した人たち

2021年のトルコGPは、日本人にとって、特別なグランプリだった。トルコGPの決勝レースが行なわれた10月10日は、本来であれば、日本GPが行なわれるはずだったが、新型コロナの影響で日本GPは2年連続開催されず、その代わりにトルコGPが行なわれたからだ。

レース後、私はミックスゾーンへ行ってドライバーたちのコメントをとるのだが、その中で毎グランプリ、日本語で1対1で取材していたのが角田裕毅選手だった。

角田選手は2021年、F1にデビューしたばかりで、第16戦トルコGPまではあまり思うような成績を残せていなかった。そのため、レース後にミックスゾーンで行なう取材では、言葉も少なめのときが多かった。トルコGPも入賞圏内の9番手からスタートしながら14位に終わり、レース後の表情は暗かった。そんな角田選手が、ルイス・ハミルトン選手（メルセデス）とのバトルについてたずねると、鋭い目になって、こう語った。

「ホンダのファクトリーの方たちに少しでも恩返しというか、ありがとうという感謝の気持ちを伝えたくて……。ホンダとマックス（・フェルスタッペン）にチャンピオンをとってもらいたいので、できるだけハミルトンを押さえようと頑張りました」

ホンダを愛した人の1人であるホンダF1のマネージングディレクターを務めた山本雅史さん

この年、チャンピオンシップ争いはレッドブル・ホンダのマックス・フェルスタッペン選手とメルセデスのルイス・ハミルトン選手の一騎打ちとなっていた。予選で1位となったハミルトン選手だったが、パワーユニット交換のために11番手に降格。予選10位だった角田選手は1つ繰り上がって9番手からスタートしていた。

地力に勝る7冠王のハミルトン選手は、1周目に1つ前からスタートしていたセバスチャン・ベッテル選手（アストンマーティン）をあっさりオーバーテイクすると、すぐさま角田選手の背後に迫った。だれもが角田選手もベッテル選手同様にすぐにオーバーテイクされるだろうと思っていたが、角田選手はそこからじつに7周もの間、ハミルトン選手を押さえ続けた。

自分のレースのことだけを考えれば、勝負にならないハミルトン選手とのバトルを避けて、できるだけタイヤを労ったほうがいい。しかし、角田選手は自分のタイヤのことよりも、ハミルトン選手を押さえることを優先した。もちろん、ホンダのためだ。角田選手はレッドブル・ドライバーであると同時に、ホンダの育成システムでF1にステップアップしたドライバーだったからだ。

このレースでは角田選手だけでなく、同じくホンダのパワーユニットを走らせていたピエール・ガスリー選手（アルファタウリ）とセルジオ・ペレス選手（レッドブル）もポジションアップしようとするハミルトン選手の前に立ちはだかった。それはまるでチーム・ホンダを見ているかのような献身的な走りだった。

ルイス・ハミルトン選手を7週にわたって押さえ込んだ角田選手（写真：RedbullContentPool）

角田選手は2021年はF1デビューイヤーだった

この日のレースを特別な思いで見ていた日本人がもう1人いる。ホンダで広報を務めていた松本総一郎さんだ。

松本さんは、本田技術研究所の栃木研究所時代に、のちにホンダF1のマネージングディレクターとなる山本雅史さんが技術広報室長を務めていたとき、同じ技術広報室で一緒に仕事をしていた仲だった。松本さんは、山本さんにとって年上というだけでなく、ホンダのモータースポーツ活動には第2期から携わってきたベテランで、広報だけでなく、元社長の川本信彦さんの秘書も経験したことのある大先輩だった。

山本さんは言う。

「川本さんの考えやホンダがF1で経験してきたことを、私は総一郎さんを通して教わりました。私にとっては師匠のような存在でした」

2016年に山本さんが本田技術研究所の技術広報室から、本田技研工業のモータースポーツ部長として、栃木から青山へ移動した翌年、山本さんが本田技研工業の広報として引っ張ったのが松本さんだった。

山本さんが悩んでいるとき、松本さんは何度か「山本さん、こうしたほうがいいんじゃないですか」とアドバイスしてくれたという。

また山本さんは「松本さんは、ホンダの基本理念である『3つの喜び』を実践してきた大先輩で、信頼できる方でした。彼は常にホンダが勝つためには何をすべきか。ファンが喜ぶことは何かをピュアに考えていました。また、私が迷って立ち止まっているときに、背中を押してくれた人でもあります。松本さんがいたから、私はモータースポーツ部長をやってこれました」と語っている。

松本さんがいかにホンダを愛していたかは、定年退職する予定日を日本GPが行なわれるはずだった10月10日に設定していたことでも分かる。

松本さんには、筆者も長きにわたり、本当にお世話になった。この単行本で核となった松本宣之さん（元本田技術研究所社長）や、大津啓司さん（現・本田技術研究所社長）へのインタビューに尽力してくれたのが、広報の松本さんだった。

ホンダを定年退職した後は京都・伏見の実家に戻り、家族が営んでいる松本酒造を継ぎ、社長として活躍している。いつの日か、お礼を兼ねて、酒蔵をたずねてみたい。

感謝の気持ちをマシンにも乗せた（写真：RedbullContentPool）

【第17話】ビリー・ジョエルの歌詞が頭から離れない

トルコGPの後、帰国した。2021年当時、アメリカはイギリスやアイルランドをはじめ、ヨーロッパの大部分の国々からの渡航者に対してメディアの入国条件が非常に厳しかったのに対して、日本からの渡航は比較的容易だった。

ところが、成田でチェックインし、日本系航空会社のラウンジで遅めの朝食をとっていたら、日本系航空会社の地上係員の方が歩み寄ってきて、「お客さまの出入国の手続きにちょっとしたトラブルが生じて、予定していた飛行機に乗れないことになりました」と告げられた。飛行機に乗れないという経験はこれまで何度かあるが、それらはいずれも空港へ向かう高速道路が事故渋滞だったり、単に遅刻して乗り損ねたりというもので、今回のように空港にいて、しかもチェックインした後に搭乗拒否にあうのは初めてだった。

これで全戦取材も終わりかと諦めていた筆者に、善後策を講じてくれたのが、最初に搭乗予定だった日本系航空会社の地上係員を務める守山なつさんだった。私が出入国の手続きをやり直すのを手伝ってくれ、さらに少しでも早く現地に到着するよう、自社の飛行機ではない別の航空会社の航空券の手配も快く手伝ってくれた。

窮地を救ってくれた守山なつさん

守山さんのおかげで、6時間半後にアメリカ系の航空会社で日本を出発。ただし、問題はこれまで一緒に取材してきた熱田カメラマンが、予定していた便で先に日本を出発していたことだった。私が熱田さんと2021年の取材を開始したエミリア・ロマーニャGPの前、2人でこんな約束をしていた。

「もしも、どちらかがコロナにかかったり、何か問題があったりしたときは、取材を優先させるために、先に1人で行っていい」と。

だから、私はアメリカに到着後、自分でレンタカーを予約してオースティンへ向かうつもりでいた。ところが、アメリカに着いて、LINEをチェックしたら、「レンタカー会社の駐車場で待っているよ」とメッセージが。このときだけでなく、熱田さんにはいろいろと助けられたものである。それは数え上げたらキリがないので、ここでは割愛するが、もし熱田さんがいなかったら、このシーズン、私は全戦取材を貫徹できなかったことは確かだ。感謝してもしきれない。

そんな熱田さんとは、アメリカGPで忘れられない一夜を過ごした。それは土曜日の夜にサーキットで開催されたビリー・ジョエル氏のコンサートだ。

ビリーは1980年代に活躍したシンガーソングライターで、現在74歳（1980年代はカーリーヘアだったが、歳を重ねてからはスキンヘッドに）。2020年に中止していたツアーを、ソロ・デビュー50周年を迎えた2021年に再開していた。そのビリーをアメリカGPの主催者がゲスト

アメリカの空港に到着したところ

2021年のアメリカGPに設けられた特別会場

として招待。サーキット内の特別会場でツアーの一環として、コンサートを行なうこととなった。チケット購入者はもちろん、メディアも無料で鑑賞できるという大盤振る舞い。これはもう行くしかないと、取材を終え、一段落したところで会場へ向かった。

「Movin' Out（Anthony's Song）」でスタートし、「Allentown」「My life」に続いて、ファーストステージの最後に歌ったのは、ビリーの代名詞ともいえる「Piano Man」。〝今、時計の針は土曜日の夜9時を回ったところ〟という歌詞で始まるこの歌をビリーが歌い出したのが、ちょうど土曜日の夜9時すぎ。憎い演出に、会場のファンたちはシビレ、全員で合唱し、ビリーとの時間を共有していた。

アンコールは「We Didn't Start the Fire」で始まり、「Uptown Girl」で場内の女性が大いに盛り上がり、エンディングは「You May Be Right（ガラスのニューヨーク）」だった。

ビリーは、シンガーソングライターということもあり、歌詞に力がある。今も彼が楽曲に込めたメッセージ性は色褪せることはない。

実はF1グランプリが開催されている会場でコンサートが行なわれたのはこれが最初ではなく、コロナ禍前も何度も行なわれ、今でも行なわれている。しかし、私も熱田さんもグランプリ期間中にコンサートを鑑賞したのはこのビリーが最初で最後だった。

なぜ、あのときコンサートへ行ったのか？　コンサートへ行ったのは正しかったのか？

2021年のアメリカGPでライブを行なったビリー・ジョエル氏

コンサートへ行くべきではなかったのか？　その答えは、何度考えても、今でも出てこない。

でも、あの日のことを考えると、ビリーの「ガラスのニューヨーク」のサビに使われている歌詞が頭の中で反芻する。

ビリーは２０２４年の1月に、実に16年ぶりに一夜限りの来日公演を行なった。

多くの日本のビリー・ファンが彼の元気な姿と素晴らしい歌声に酔いしれたに違いない。

【第18話】山本雅史さんの存在

Ｆ1で成功するために必要なもののひとつに政治力がある。

政治力というと、議員さんなど政治の世界の話のように聞こえるが、私たち一般の社会でも日々使われる力だ。例えば、社内の人間関係を操り、物事を上手く進めていくこともひとつの政治力である。要するに組織やコミュニティの中で、自分の主張をスムーズに通す能力が政治力だと思う。

ところが、日本人はこの分野をこれまでおろそかにしてきた傾向がある。高い技術さえあれば、Ｆ1で勝てると信じる者が多いからだ。確かに技術力が備わっていなければ、Ｆ1で勝つことはできない。現在のチャンピオンであるマックス・フェルスタッペン選手のドライビングスキルがほかのドライバーに比べて非常に高いことは、レッドブルでホンダのチーフエンジニアを務めている湊谷圭祐氏も認めている。また、彼が所属するレッドブルのマシンがライバルを圧倒しているのは、空力の天才と呼ばれるチーフテクニカルオフィサーのエイドリアン・ニューウェイ氏がマシンをデザインしているからにほかならない。

しかし、それらの能力を最大限に生かすためにクリスチャン・ホーナー代表や、モータースポーツアドバイザーのヘルムート・マルコ氏という存在がいることを忘れてはならない。フェルスタッ

第4期ホンダF1活動を支えていた山本雅史さん（右）

ペン選手がレッドブルというチームで伸び伸びとレースができているのも、ライバルチームからの誘いにもニューウェイ氏が応じずにレッドブルにとどまっているのも、ホーナーやマルコの政治力が無関係ではない。

第4期のホンダで、その責務を果たしていたのが当時、モータースポーツ部長やマネージングディレクターとして、ホンダのF1活動を支えていた山本雅史さんだった。マクラーレンとの関係が悪化していた2017年、ホンダはF1からの撤退も選択肢の1つに挙がっていた。マクラーレンからの理不尽な要求だけでなく、本社で吹き荒れる逆風に耐え、ホンダがF1活動をなんとかして継続できたのは、山本さんが尽力したからにほかならない。

2021年のトルコGPでの「ありがとう号」の実現にも山本さんは大きく貢献していたし、その翌戦のアメリカGPでは、リアウイングにホンダがアメリカで展開している高級車ブランドの「ACURA」の名前を掲載させたのも山本さんが大きく関わっていた。

そのアメリカGPでレッドブル・ホンダが優勝したとき、表彰式にコンストラクターであるレッドブルを代表してトロフィをもらう代表として、ホーナーが山本さんを指名したのは、レッドブルが山本さんをリスペクトしていたからにほかならない。

F1の世界では、組織よりも個人を尊重する傾向がある。例えば、筆者は約30年間、この世界で仕事をしてきて、所属する組織は何度か変わったが、こうしていまでも年間パスを発給してもらっ

2021年のトルコGPでの「ありがとう号」の実現にも山本さんは大きく貢献していた
（Photo：RedbullContentPool）

「ACURA」の名前をリアウイングに掲載させたのも山本さんが大きく関わっていた

ているのは組織よりも個人を重んじているからだと思っている。

そして、F1で政治力を生かすためには、現場にいることが重要となる。重要な決定はメールや電話では行なわれない。単行本の「歓喜」にも書いたが、ホンダがレッドブルと最初に接触したのは山本さんであり、会談の場所となったのがマクドナルドだったのは有名な話だ。マクドナルドで安いコーヒーを飲みながらでもヨーロッパの人々は対面で話をすることで信頼関係を築こうとする。第4期のホンダでその存在となっていたのが、山本さんだった。

山本さんはホンダのF1活動だけでなく、角田裕毅選手にとっても大きな存在となっていた。私は日本人のF1ドライバーがいまだに表彰台の頂点に立てない理由のひとつが、優秀なマネージャーがいないからだと考えている。

角田選手がF1にデビューした2021年、彼のマネージメントを行なっていたのはレッドブルで、個人マネージャーは存在していなかった。私はそこに当初から不安を抱えていた。案の定、その年の角田選手はマネージャーがいないことでさまざまな壁にぶち当たっては、それを自分で乗り越えていた。それは側から見ていても、かなり大変そうだった。

そんな角田選手の面倒を見ていたのも山本さんだった。例えば、ロシアGPでチームメートに対して明らかに遅かったことを気にしていた山本さんは、アルファタウリのフランツ・トスト代表に「角田のモノコックをチェックしてほしい」と依頼。その次のトルコGPでチームは角田選手のモノコックを変更し、以降、角田の走りが改善された。また、2021年のメキシコGPではこんな事件が起きた。予選Q3の最後のアタックで、アタックしていなかった角田選手が後方から接近してきたレッドブル2台のために道を開けようと、コース外に出た。角田選手がコースの外に出ると砂埃が舞ってしまい、直後を走っていたセルジオ・ペレス選手は慌ててブレーキを踏んで、一緒にコースオフしてしまった。2台がコースの外に出たことでさらに大量の砂埃が舞い、その後方を走行していたマックス・フェルスタッペン選手は「誰かがクラッシュしているかもしれない」と思い、アクセルを緩めてしまい、予選はメルセデスにフロントロウを明け渡す結果となった。

実際には角田選手はわるくなく、ペレス選手が慌てたことが問題だったのだが、予選後、レッドブルのホーナー代表は「ツノダにやられた」と名指しして非難したため、レッドブルがフロントロウを逃したのは角田選手のせいであるかのようにメディアも一斉に論じた。そのため、角田選手は予選後、大きく落ち込んでいた。このとき、動いたのは山本さんだった。レッドブルの重鎮であるマルコ氏と会い、角田に非がないことを納得してもらったうえで、角田と直接対談を提案した。会談は日曜日の朝にホンダのホスピタリティハウスで2人きりで行われ、角田の汚名は晴れた。

それから2年後の今年。角田選手には優秀なマネージャー、マリオ宮川さんがついた。角田選手をマリオに引き合わせたのも、山本さんだった。山本さんには、単行本「歓喜」でも大変お世話になった。この場を借りて、お礼を申し上げたい。

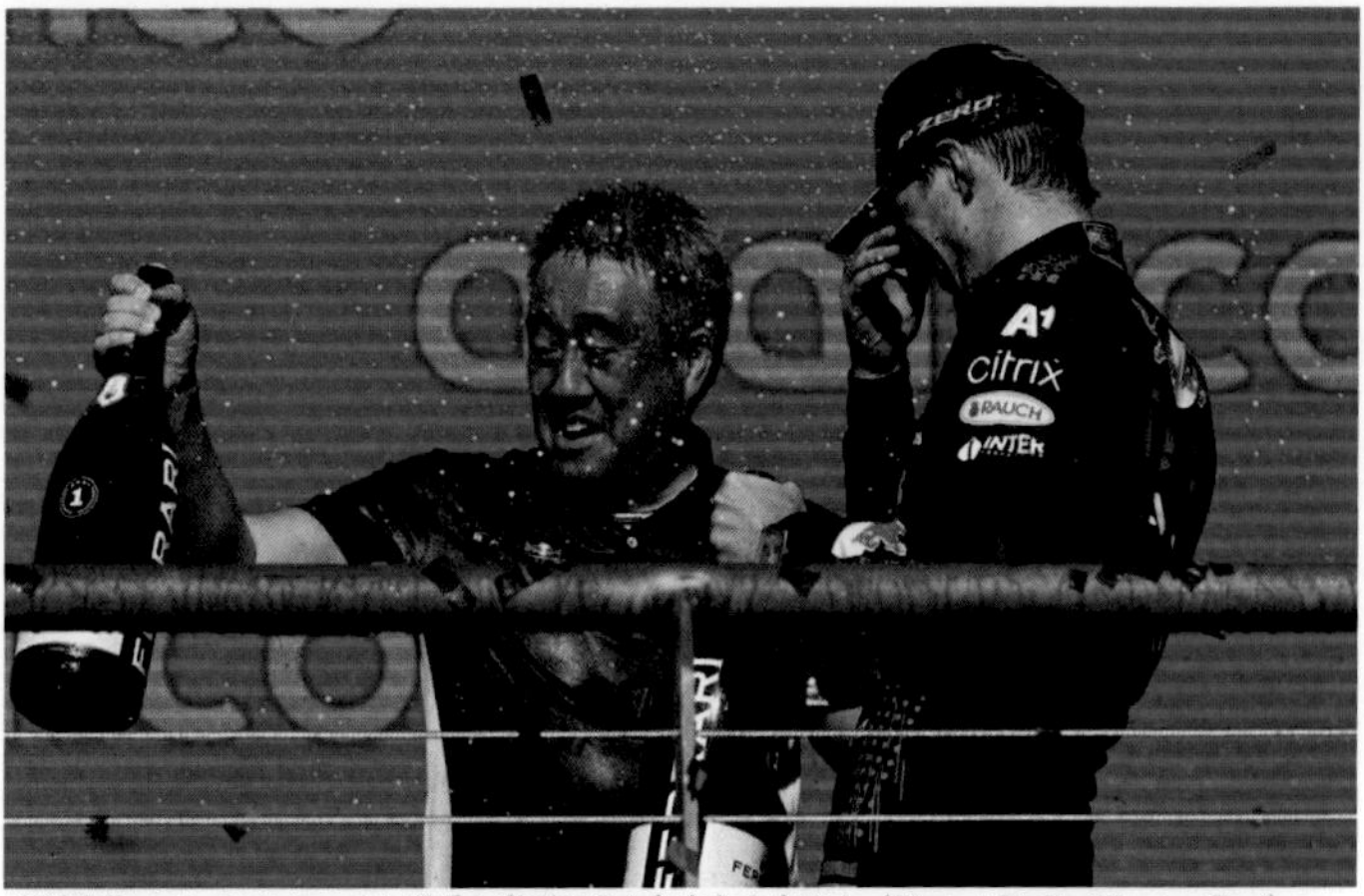

表彰式後、フェルスタッペン選手と喜びを分かち合う山本さん（Photo：RedbullContentPool）

ホンダのホスピタリティハウスで会談する角田選手とマルコ氏

【第19話】見えない糸

2015年にF1に復帰したホンダが、復帰後初めてチャンピオンシップ争いを演じた2021年。シーズンはメキシコGPを終え、いよいよ最終盤に突入していった。残るは4戦。サンパウロGPとカタールGPの連戦と、サウジアラビアGPとアブダビGPの連戦だった。

メキシコGPを終えた段階で、レッドブル・ホンダのマックス・フェルスタッペン選手が、ライバルであるメルセデスのルイス・ハミルトン選手をリードしていた。ここまで単行本「歓喜」を執筆するために〝第4期〟と呼ばれたホンダF1の取材を進めてきた筆者には、ホンダがフェルスタッペン選手とともに、メルセデスとタイトル争いを繰り広げていたことに、ちょっとした運命のようなものを感じていた。

というのも、ホンダとフェルスタッペン選手との出会いは、ホンダがレッドブルにパワーユニットの供給を開始した2019年ではなく、今から24年も前のことだったからだ。

1998年3月、ホンダは車体も含めたフルワークスでのF1復帰を発表した。そのホンダが参戦に向けて、1999年の1月から始めた合同テストで、ドライバー役に任命したのがフェルスタッペン選手の父であるヨス・フェルスタッペン氏だった。そしてなんとヨス氏はそのテストに、

ホンダと目には見えない「糸」でつながっていたと思えてならない
マックス・フェルスタッペン選手

ホンダのチーフメカニックを務める吉野氏

1997年に生まれたばかりのマックスくんを連れてきていたのだ。

テストを終えたヨス氏は、マックスくんを自分のシートに乗せた。それが、フェルスタッペン選手とホンダの最初の出会いだった。ホンダのF1に乗ったときに撮影された写真をフェルスタッペン選手は今でも大切にしている。2019年にホンダがレッドブルにパワーユニットの供給を開始し、一緒に仕事を行なうようになったとき、フェルスタッペン選手はホンダのチーフメカニックを務める吉野氏に、その写真を見せにきた。

実は写真を見せられた吉野氏は、その写真が撮影された1999年のテストに参加していた。そしてフェルスタッペン選手にこういった。

「私もこのとき、あなたのお父さんと一緒に仕事していたんだよ」

それを聞いたフェルスタッペン選手は驚き、吉野氏と顔を見合わせて、奇妙な偶然を笑ったという。

この運命的な出会いを実現させたのが、当時トロロッソ（現在のRB）でチーム代表を務めていたフランツ・トスト氏だった。トスト氏はホンダがマクラーレンと組んでF1に復帰すると発表した翌年の2014年から、ホンダにラブコールを送り続けていた。

「実は私は2018年からパートナーを組む前にも、何度かホンダと話し合いを行なっていたんだ。最初にホンダとのミーティングを行なったのは2014年の日本GPのときで、私はアライ（新井

2019年当時、トロロッソでチーム代表を務めていたフランツ・トスト氏

2018年のバーレーンGPで復帰後最高位となる4位を獲得し湧き上がるチーム
（Photo：RedbullContentPool）

康久氏：当時のＦ1プロジェクト総責任者）さんと一緒にHRD Sakuraへ行ったのを覚えている。しかし、当時のホンダは翌年からマクラーレンにパワーユニットを供給することで手一杯で、そのときはパートナーを組むまでにはいたらなかった。私はかつてラルフ（・シューマッハ）選手のマネージャーとして日本でレースしていた経験があり、ホンダのことは昔から知っている。彼らは寡黙だけれど、とても情熱がある。そして優秀だ。復帰した直後に苦しんだのは、彼らが有能ではなかったからではなく、時間が足りなかっただけ。ホンダには勝利を目指して決して諦めないというレーシングスピリットがある。時間をかけ、解決の緒さえ見つかれば、必ず復活すると信じていた」（トスト氏）

ホンダがトロロッソと2017年からのパワーユニット供給に向けて、2016年のロシアGPで極秘会談を行なおうとしていたことは、単行本「歓喜」の第2章でも触れている。その会談は当時マクラーレンのチーム代表を務めていたロン・デニス氏の翻意によって実らなかったが、それでもトスト氏はホンダとの関係を断つようなことはしなかった。トスト氏がいなければ、ホンダはマクラーレンと決別した2017年限りでＦ1から撤退していたかもしれない。そして、そうなっていればホンダがレッドブルと組むことはなく、チャンピオンにもなることはなかった。

そう考えると、2021年のホンダの戦いは、いくつもの縦の糸と横の糸が重なり合って作られた一片の織物のようにも思える。当時、日本を離れてＦ1の取材をしていた私と熱田カメラマンは、シェアしているレンタカーの中でそれぞれ好きな音楽を交代しながら再生していた。そのころ私が好んでかけていた楽曲が、中島みゆきの「糸」だった。

私にとって、縦の糸はホンダであり、横の糸はフェルスタッペン選手だった。1999年の1月に出会っていたホンダとフェルスタッペン選手が、それから19年後に出会うとは想像もしていなかっただろう。そして私は、「糸」の歌詞を聴くたびに、ホンダの技術者たちへ思いを巡らせていたものだった。

2018年のバーレーンGPで復帰後最高位となる4位を獲得し、手を取り合うスタッフ
（Photo：RedbullContentPool）

【第20話】コース外の戦い

アメリカGPとメキシコGPをレッドブル・ホンダのマックス・フェルスタッペン選手が連勝したとき、2021年のチャンピオンシップ争いはこのままフェルスタッペン選手が突っ走るだろうと正直思っていた。トルコGPでチャンピオンシップリーダーに返り咲いたフェルスタッペン選手と、2番手のルイス・ハミルトン選手（メルセデス）との差は19点にまで広がったからだ。残りは4戦。レースで優勝した場合に獲得できる点数は25点で、2位は18点だから、残り4戦でフェルスタッペン選手が1勝すれば、ハミルトン選手は残りを全勝しても、フェルスタッペン選手がすべて2位に入れば、追いつけない状況となっていた。

ところが、ここからメルセデスは猛烈な追い上げを見せた。その速さは、それまでのメルセデスとは異なり、レッドブル陣営を慌てさせた。現場で取材していても、このころからレッドブルがナーバスになっていたのを肌で感じていた。そして、レッドブル・ホンダとメルセデスの戦いは、コース上だけでなく、コース外でも激しさを増していった。

発端はサンパウロGPの金曜日に行なわれた予選後のパルクフェルメだった。サンパウロGPから突然ストレートスピードが上がるようになったメルセデスのリアウイングに疑惑を持ったフェル

2021年シーズンの終盤に激闘を繰り広げた
マックス・フェルスタッペン選手（左）とルイス・ハミルトン選手（右）

スタッペン選手が、予選後のパルクフェルメでハミルトン選手のマシンのリアウイングを触ったという疑いがかけられた。

F1では報道目的のカメラマンのほかに、各チームが雇っている専属カメラマンもいる。チームは専属カメラマンから自分たちの広報用の写真を撮影してもらっているだけでなく、ライバルチームの空力パーツのディテールの撮影も依頼していて、ライバルチームの研究を行なっている。フェルスタッペン選手がハミルトン選手のリアウイングを触ったというのも、そのカメラマンからの情報であることは想像に難しくない。

サンパウロGPのレース審議委員会は、土曜日の朝にフェルスタッペン選手を召喚し、事情を聞くことになった。そのころレッドブルのチーム首脳陣は、自チームのホスピタリティハウスで朝食を取っていたが、クリスチャン・ホーナー代表もモータースポーツアドバイザーのヘルムート・マルコ氏も朝食そっちのけで、何やら真剣な話し合いを行なっていた。

その後、レース審議委員会はフェルスタッペンに対して5万ユーロ（約800万円）の罰金を科した。

メルセデスからの攻撃はこれだけに収まらなかった。このレースでフェルスタッペン選手はハミルトン選手とサイド・バイ・サイドのバトルを演じたのだが、そのディフェンスがあまりにも攻撃的だったとして審議を求めた。その要求は一度は却下されたのだが、レース後に再審理を要求した

ハミルトン選手のマシン

レース審議委員会へ向かうフェルスタッペン選手

クリスチャン・ホーナー代表（左）とヘルムート。マルコ氏（右）

見たことがないほど非常に険しい表情をしていたフェルスタッペン選手

のである。

再審理はサンパウロGPの翌週に開催されたカタールGPに持ち越されたものの、レース審議委員会は、メルセデスからの審査請求を却下した。

これで一件落着かと思われたカタールGPでは、フェルスタッペン選手は再びレース審議委員会に召喚された。日曜日のレース前、レース審議委員会からの事情聴取を終えてコントロールタワーから出てきたフェルスタッペン選手の表情は、それまで取材してきた中で見せたことがなく、その後も見たことがないほど、非常に険しかった。

この審議はメルセデスから要求されたものではなく、予選でフェルスタッペン選手がダブルイエローフラッグを尊重しなかったためだったが、サンパウロGPから続く、レース審議委員会への召喚にフェルスタッペン選手とレッドブルが精神的にいらだっていることは、はたから見ていても分かった。

そのことは、レース前にフェルスタッペン選手が5番手降格のペナルティを受けた後、チームのホーナー代表が、マーシャルへ暴言を吐いたことでも分かる。マーシャルポストでイエローフラッグが振られていたものの、コース脇のライトパネルやステアリング上のダッシュの警告灯、また音声信号で通知させるという措置がなされていなかったことに対し、ホーナーがマーシャルへの不満を爆発させたのである。レース後ホーナー代表は、この一件でもレース審議委員会に呼び出され、戒告処分を受けていた。

サンパウロＧＰとカタールＧＰで連敗したレッドブル・ホンダとフェルスタッペン選手は、ポイントの上ではまだリードしていたものの、精神的にはかなり追い詰められていた。

そしてこの状況は、単行本の取材にも大きく影響していた。この時期レッドブルはフェルスタッペン選手への単独取材をかなり制限し始めていたからだ。２０２１年限りでＦ１参戦を終了するホンダへのフェルスタッペン選手をはじめレッドブル首脳陣たちの思いは、この単行本には欠かすことができない最後の1ピースだった。

私にとっても、サンパウロＧＰとカタールＧＰでの敗戦は、単行本を取材するうえで大きな連敗となった。

レース審議委員会に呼び出されたホーナー代表

【第21話】スーツケースの中の革靴とスーツ

マックス・フェルスタッペン選手やレッドブル関係者への取材が制限され始めた２０２１年のシーズン終盤。残すレースはサウジアラビアＧＰとアブダビＧＰの２連戦だけとなった。

サウジアラビアＧＰは２０２１年が初開催で、準備が整っておらず週末はチームもメディアもかなりドタバタすることが予想されていた。そうなると取材するチャンスはアブダビＧＰしか残っていないのだが、チャンピオンシップ争いは最終戦までもつれ込む可能性が高く、そうなれば単行本用の個別取材を行なうことはほぼ不可能となる。

そこで私は２人の友人に協力を仰ぐことにした。１人はミハエル・シュミット氏で、もう１人はアンドレ・ベネマ氏だ。

シュミット氏は、ドイツ誌の編集者で、Ｆ1取材歴は約40年の大ベテラン。オーストリア人のレッドブルのモータースポーツアドバイザーであるヘルムート・マルコ氏とはドイツ語で立ち話できる仲で、レッドブルのクリスチャン・ホーナー代表とも親しい。そこで、マルコ氏とホーナー代表のホンダへのコメントをシュミット氏に取ってもらうことにした。

ベネマ氏はオランダ人記者で、フェルスタッペン選手を長年取材しており、こちらもフェルス

2021年が初開催だったサウジアラビアGPのコース周辺。
開幕まで数日にも関わらず客席は建設途中だった

サーキットも建設車両が往来している状態

2021年のサウジアラビアGPの木曜日、コース下見から帰ってくるフェルスタッペン選手。
案の定、気軽には近づけない雰囲気が漂っていた……

コメント取りを依頼したミハエル・シュミット氏

ベッテル選手と立ち話するシュミット氏

タッペン選手とはレッドブルのホスピタリティハウスでオランダ語で雑談できる程のツーカーの仲だった。

私は正直にホンダをテーマにした単行本を作るために取材していることを話し、その中でホンダへのコメントがなくてはならない存在だということを説明し、理解してもらうことにした。フェルスタッペン選手やレッドブル関係者と親しいとは言っても、2人にとっても残り2戦でコメントを取ることは簡単なことではない。断られることも覚悟していたが、シュミット氏もベネマ氏も快諾してくれた。

この時期、私にはもう1つ悩んでいたことがあった。それは、国際自動車連盟（FIA）が年末に開催する年間表彰式への参加だった。ホンダがレッドブルとともにコンストラクターズ選手権を制すれば、1991年のマクラーレン・ホンダ以来の快挙となる。そうなれば、年間表彰式に呼ばれることになる。

私には忘れられないシーンがある。1990年のFIA表彰式で特別功労賞の表彰を受けるために参列していた本田宗一郎氏が表彰式後に、「セナ君どうもありがとう。来年もナンバーワンのエンジン作るよ！」と言ってアイルトン・セナ選手と抱き合うシーンだ。ホンダのエンジンを崇拝していたセナ選手は、本田宗一郎氏からの激励に感極まって涙していたほどだった。

もし、ホンダがコンストラクターズ選手権に輝けば、おそらくドライバーズチャンピオンもフェ

2021年のホンダF1本「歓喜」の影の立役者の1人アンドレ・ベネマ氏。
翌年単行本をプレゼントすると「マックスが愛するホンダの母国である日本の読者のために
お役に立てて光栄だ」と喜んでくれた

1988年のアイルトン・セナ選手とホンダのチーム員たちの記念撮影。
写真：MWCT（Marlboro World Championship Team）

ルスタッペン選手が取ることだろう。そうなれば、フェルスタッペン選手とホンダ関係者が年間表彰式に同席することになり、それは１９９１年以来、30年ぶりのこととなる。しかも、当時ホンダは２０２１年限りでＦ１から撤退することになっていたから、このようなチャンスはもしかするともう二度と巡ってこないかもしれない。日本人で現場取材している数少ないメディアとしては、参加しないわけにはいかなかった。

ところが、私は約30年間Ｆ１の取材をしてきたが、年間表彰式に参加したことは一度もなかった。参加したことだけでなく、参加するための申請すらしたことがなかった。それは私だけでなく、日本のメディアのほとんどが、最近は年間表彰式に参加していなかったため、参加するためのノウハウをそのとき私はまったく持っていなかった。

そこで私は夏休み明けの9月にＦＩＡの広報担当に「参加したいんだけど、どうすればいい？」と正直に尋ねることにした。するとＦＩＡの広報担当は「メディアの参加者に関しては、私たち広報担当が仕切っているので、オワリの名前をリストに加えておくよ」と二つ返事でＯＫしてくれた。その後、トルコＧＰから一時帰国していた際、私は最後の旅となるアメリカＧＰから最終戦アブダビＧＰまでの遠征用のスーツケースに、年間表彰式参列用のスーツと革靴を入れていた。

ところが、前述のようにシーズン終盤に入って、メルセデスが反撃してきたことで、私のもくろみは不透明なものとなっていた。

この年、私の飛行機のチケットは、ほとんどが片道発券だった。新型コロナに見舞われる前までは日本発の往復チケットを買っていたが、当時はコロナ禍で一度帰国すると強制的に隔離生活を送らなければならなかったからだ。

最後の4戦の取材も、飛行機のチケットはブラジル・サンパウロ～カタール・ドーハ、カタール・ドーハ～サウジアラビア・ジェッタ、そしてサウジアラビア・ジェッタ～アブダビへと、すべて片道航空券だった。

ホンダがチャンピオンになるかどうか分からなくなってきたため、アブダビGPの後の予定が立てられずにいた。もし、チャンピオンになれば、アブダビから年間表彰式の会場であるフランス・パリへ行くための片道切符を買った後、フランス・パリから日本へ帰国するチケットを買えばいい。ただし、もしチャンピオンを取り損ねた場合はパリへは行かず、アブダビから日本へ帰国することにしていた。

果たして、パリ行きと日本行きのどちらの航空券を買うべきか。シワにならないようスーツケースの中から取り出してはタンスにかけていたスーツと革靴を見ながら、私の胸中は日を追うごとに、複雑なものとなっていった。

【第22話】99・9％

２０２１年のＦ１シーズン、終盤のブラジルＧＰからサウジアラビアＧＰまでの３戦で、一度も勝利できなかったマックス・フェルスタッペン選手とレッドブル・ホンダ。その３戦をいずれもルイス・ハミルトン選手（メルセデス）が連勝したことで、ドライバーズポイントはフェルスタッペン選手とハミルトン選手が同点となった。ポイント上では並んだままだが、流れは完全にハミルトン選手とメルセデス側にあることは誰の目にも明らかだった。

最終戦はアブダビＧＰ。サウジアラビアのジェッタからレース翌日の月曜日に移動してきた私は、最終戦を前にホンダのラストイヤーを記す単行本を、どのように締めくくるべきか思案していた。

もし、最終戦でフェルスタッペン選手がハミルトン選手を上まわってチャンピオンとなれば、ホンダにとっては１９９１年以来、30年ぶりのチャンピオン獲得となる。その場合は悩むことはない。その喜びの声をダイレクトに伝えればいいだけだ。

問題は、もし最終戦でフェルスタッペン選手がハミルトン選手に逆転された場合は、どうすればいいのか？　アブダビ行きの飛行機の中で考えが固まらないまま、アブダビ空港行きのＥＹ２３３４は着陸体制に入ろうとしていた。窓のシェードを上げると、眼下に決戦の舞台となる照明に照ら

F1の2021年シーズン。サウジアラビアGPで勝利を逃したフェルスタッペン選手とレッドブル。
右端がホーナー氏で左端がマルコ氏

アブダビ空港に着陸する前、眼下には決戦の舞台となるヤス・マリーナ・サーキットが輝いていた

されたヤス・マリーナ・サーキットが鮮やかに輝いていた。

アブダビ到着後、私はホンダF1のマネージングディレクターを務めていた山本雅史さんに「最終戦前の忙しい中、申し訳ありませんが、水曜日に会えませんか？」と連絡を入れた。山本さんは快諾してくださり、山本さんが宿泊していたヤス島にあるホテルへ向かった。

暦のうえでは12月だったが、中東のアブダビはこの時期でも昼間は半袖&短パンで過ごせるほどの陽気だった。待ち合わせ場所のホテル内のカフェの目の前にはプールがあり、数名のゲストが泳いでいた。しばらくして、ホテルのエレベーターから山本さんが降りてきた。ホテルにはレース関係者が多いので、私たちは少し暑いけれど、屋外のテーブルに席を取った。

私は山本さんに、ホンダとして最終戦に向けてレッドブル側とどうやって臨もうとしているのかを尋ねた。それを聞いていた山本さんは晴れ晴れとした表情でこう返してきた。

「クリスチャン（レッドブルの代表）には、すでにメールしました。ホンダF1にとってこれが最終戦。最後のレースになる。勝つか負けるかしかないから、ホンダは持てる力を出し切ると言う方向で最終戦に臨みたい、と。もちろん、パワーユニットが壊れたらダメだけど、2位でゴールしてパワーユニットが余裕だったというのは、ホンダにとって意味がないから」

ホンダはグランプリ前日の木曜日にレッドブル側と、その週末にどのような体制で臨むのかという意思統一を行なっている。その話し合いに入る前に、山本さんはレッドブルの首脳陣であるホーナー氏とモータースポーツアドバイザーのヘルムート・マルコ氏らと、事前にマネージメントサイドで意思統一を図ってから、技術的な話し合いに入ってもらおうと言うのだ。

似たようなことは2019年にもあった。猛暑のオーストリアGPでホンダに勝つチャンスを見出した山本さんは、八郷隆弘前社長を巻き込んで、通常よりも攻めたモードでパワーユニットを使用するという戦略を打ち出した。山本さんの思惑は功を奏し、スタートで出遅れたフェルスタッペン選手をホンダのパワーユニットが力強く後押し。ホンダにとって、2015年にF1に復帰して以来の初優勝という記念すべき勝利となった。

その山本さんは、この最終戦アブダビGPでも同じ戦い方で臨もうとしていたのである。

「100%でいったら壊れるかもしれない。しかし、96%では勝てない。少なくとも99%か98%で行きたい。できれば99・9%まで使って、最終戦を終えたい」

山本さんからその言葉を聞いて、私の迷いは吹き飛んだ。チャンピオンを取ろうが取れまいが、そんなことはどっちでもいい。この単行本で伝えなければならないことは、ホンダは最後まで全力で戦ったという事実を取材し、書くことだということを私は山本さんと会って再認識した。

山本さんが示した最後まで全力で戦うという姿勢は、ホンダの現場部隊だけでなく、日本の研究所であるHRD Sakura（現 HRC Sakura）とも共有され、HRD Sakuraの技術者たちは重箱の隅をつくほどまで、アブダビGPでパワーユニットを使い切ろうと、さまざまな調整を行なっていた。

3連敗を喫したサウジアラビアGPで、山本MDは最終戦が始まる前にアブダビでレッドブル側と意思統一を図ろうと考えていた

それはフェルスタッペン選手のパワーユニットだけでなく、チームメイトのセルジオ・ペレス選手も同様だった。そして、この99・9％の戦いが、3日後のアブダビGP決勝レースで、ペレス選手の獣のような走りへとつながる。レースでは、スタート直後にポールポジションのフェルスタッペン選手を抜いて先頭に立ったハミルトン選手が、1回目のピットストップを終えた後、まだピットインせずに先頭に立っていたペレス選手の背後に迫るシーンがあった。ここでレッドブルはハミルトン選手との差が8秒にまで広がったフェルスタッペン選手を助けるために、ペレスにオーバーテイクボタンを何度か使用させて、数周に渡ってハミルトン選手を押さえ込んだ。これで8秒以上あったハミルトン選手とフェルスタッペン選手の差は1・7秒にまで縮まり、レース終盤のセーフティカー導入時にメルセデスはハミルトン選手のピットインをちゅうちょし、フェルスタッペン選手のファイナルラップの大逆転劇へとつながることとなった。

当時、ホンダF1の副テクニカルディレクターを務めていた本橋正充さんもこう振り返る。

「最後だったので、持てる力を振り絞って戦うつもりでいました。キャリブレーションとかチューニングで、少しでもパワーを上げられるよう、HRD Sakura側でも検討してくれて、そのうえで現場側も、エネマネ（エネルギーマネージメント）などに関していろんな準備をしていました」

いよいよ、明日はアブダビGP前日のメディアデー。サーキット内での取材が解禁される。2021年最後の4日間が始まろうとしていた。

当時、ホンダF1の副テクニカルディレクターを務めていた本橋正充さん

【第23話】ありがとうHONDA

２０２１年12月９日木曜日。いよいよ２０２１年のＦ１シーズン最後の週末が幕を開けた。

これまでアブダビではため息をつくことが多かった。アブダビＧＰ初年度の２００９年は、当時参戦していたトヨタにとって最後の一戦となったグランプリだった。そのことを知りつつ、明かすことができないという重苦しい雰囲気の中で、何度もため息をついていた。

２０１４年の最終戦直後に行なわれた合同テストでは、翌年からＦ１に参戦するホンダがマクラーレンと組んで初めて実走テストを行った。

だが、テストはトラブルに次ぐトラブルの連続。テスト前日の準備日も含めて３日間、ホンダのスタッフはガレージで不眠不休で作業を続けた。結局、宿泊を予定していたホテルのベッドで寝ることがないまま、テストを終了するという過酷なものだった。

のちに、そのテストにチーフエンジニアとして参加していた中村聡さんは、その状況を次のように明かしてくれた。

「テストの最終日はフラフラで立ってられない状態だった。あのころのホンダのパワーユニットは、ホンダの人間が言うのもおかしいですが、正直『これでＦ１に出ていいのか？』というレベルでし

2021年シーズン終盤。熾烈なチャンピオン争いをしていた中で、フェルスタッペン選手はヘルメットの後ろにホンダへの感謝をつづっていた

厳しかった2015年～2017年までホンダのチーフエンジニアを務めていた中村聡さん

た。それでもマクラーレンはわれわれを助けてくれました。エアボックスやバッテリパックなどはマクラーレンが製作に大きく貢献してくれました。もし、彼らのサポートがなかったら、レースできていなかったかもしれません」（中村）

しかし、復帰後3年目となる2017年になっても、ホンダがパワーユニットの性能だけでなく、信頼性においてもトラブルを続出させると、マクラーレンの忍耐力も限界に達した。マクラーレンとの間にできた溝は、その後、修復不可能なまでに大きくなり、この年限りでホンダはマクラーレンとの決別を迎えることになる。その最後の一戦、ヤス・マリーナ・サーキットのマクラーレンに搭載されたホンダのパワーユニットを、ただひとり、じっと見つめていたのが中村さんだった。

中村さんは2017年の最終戦をもって帰国し、HRD Sakura（現 HRC Sakura）でその後のホンダのF1活動を支えた。その中村さんはチーフエンジニアとしての最後の一戦となった2017年のアブダビGPでこう語っていた。

「望んでいた結果は出せませんでしたが、HRD Sakura もミルトンキーンズのスタッフも誰もさぼってなんかいません。それだけははっきり言えます。ただ、もしかしたら、やり方が間違っていたのかもしれないし、努力するポイントを勘違いしていたのかもしれません」（中村）

ホンダのF1活動の特徴の1つに、HRD Sakura の開発スタッフと現場スタッフを定期的に入れ替えるローテーションがある。個人主義が強い欧米では、組織が細分化されているケースが多く、

Ｆ１のエンジニアたちも自分が担当している分野の専門領域に非常に特化した技術を持ち、何十年も同じ技術の開発に携わるケースが多い。

ところが、ホンダは情報は全員で共有し、全員が全体を考えて動き、組織にとって最適な方法は何かを考えながら開発しているため、定期的に配置転換を行なう。現場で得た経験をパワーユニットの開発を行なう際に生かすことで、より実戦に適したパワーユニットの開発ができるというわけだ。

中村さん以外にも多くの現場スタッフがファクトリーに戻り、２０１８年以降の開発をサポートし、ついにメルセデスとチャンピオンシップ争いを演じるまでに成長した。その決戦の地となった２０２１年のヤス・マリーナ・サーキットを訪れたとき、私はかつて現場で悔し涙を流した多くのホンダ・スタッフたちの顔を思い浮かべたのだった。

そのヤス・マリーナ・サーキットで木曜日の夕方、レッドブルとホンダが記念撮影会を行なった。シーズン終盤にはどのチームも記念撮影会を行なうが、２０２１年限りでＦ１活動を終了すると発表していたホンダにとっては、このアブダビＧＰがパワーユニットマニュファクチャラーとして臨む最後の一戦となる。

通常、この手の撮影会ではメカニックや広報が準備のために先に来て、チーム首脳陣やドライバーは最後に現れることが多い。しかし、このときは、マックス・フェルスタッペン選手が早めに来ていた。なかなか準備が整わなかったため、ガレージを離れてピットウォールへ行き、父親のヨス氏や身内のスタッフとしばらく歓談していた
その後、クリスチャン・ホーナー代表が到着すると、全員がガレージの中に集合。ここでホーナーがスタッフ全員にスピーチを行なった。

「この1年、みんなよくやった。いよいよこれが最後のレース。みんなで楽しもうじゃないか！」

ドライバーズ選手権でフェルスタッペン選手とルイス・ハミルトン選手（メルセデス）が同点で迎える最終戦。だれもが緊張している中で、ホーナー氏のこのスピーチは、チームの緊張をしばし解くとともに、士気を改めて高めていたように見えた。

ホーナー氏のスピーチを終えて、ガレージから出てくると、ピットウォールにいたフェルスタッペン選手が用意していたヘルメットを持って、ホンダF1の山本雅史さん（当時マネージングディレクター）と、田辺豊治さん（当時テクニカルディレクター）に近づいて、2人にヘルメットを見せていた。それを見た2人が驚いていたので、撮影会が始まる前の一瞬の間を利用して、フェルスタッペン選手に近づき、2人に何を見せたのかを直接尋ねた。

するとフェルスタッペン選手は笑顔でヘルメットを見せてくれた。ヘルメットの後頭部には、こう書かれていた。

「ありがとう ＨＯＮＤＡ」

父親のヨス氏や身内のスタッフとしばらく歓談していたマックス・フェルスタッペン選手

クリスチャン・ホーナー代表が到着し、全員がガレージの中に集合した

山本雅史さんと田辺豊治さんにヘルメットの文字を見せるフェルスタッペン選手

このとき、撮影会場には大勢のカメラマンがいたが、撮影が始まる前にフェルスタッペン選手がヘルメットを見せてくれたのは私だけだったと思う。フェルスタッペン選手がいかにホンダをリスペクトし、そのことを日本のファンに知ってもらおうとしていたかが伝わってきた。

こうして、2021年最後のメディアデーが終え、最後の3日間の戦いが始まろうとしていた。

【第24話】花束

2021年シーズンのＦ1最終戦アブダビＧＰの週末、サーキットは「レッドブル・ホンダvsメルセデス」一色に染まっていた。ハリウッド映画のポスターかボクシングの世紀の一戦を宣伝するポスターを彷彿させるパネルが、サーキットのあちこちに掲げられていた。Ｆ1が製作したと思われるそのパネルは、マックス・フェルスタッペン選手とルイス・ハミルトン選手が向かい合っているだけでなく、レッドブルのクリスチャン・ホーナー代表とメルセデスのトト・ウォルフ代表も対峙していた。

というのも、最終戦を前にドライバーズ選手権だけでなく、コンストラクターズ選手権も決定しておらず、2つの選手権とも最終戦で決着がつくからだった。パネルだけではない。国際自動車連盟（ＦＩＡ）が催す公式会見も、木曜日のドライバー部門でフェルスタッペン選手とハミルトン選手が同席すれば、金曜日のチーム関係者部門ではホーナー代表とウォルフ代表が同席していた。特にドライバーズポイントは、レッドブル・ホンダのマックス・フェルスタッペン選手とメルセデスのルイス・ハミルトン選手がともに369・5点で並んでいたため、対立の構造がより鮮明だった。

Ｆ1は優勝したドライバーが25点を獲得し、以下2位～10位までに、18点、15点、12点、10点、

2021年のF1最終戦アブダビGPの決戦前に、当時ホンダF1のマネージングディレクターを務めていた山本雅史さんのもとを、ウイリアムズのメカニックを務めていた白幡勝広氏が激励に訪れていた

サーキットのあちこちに掲げられていた「レッドブル・ホンダvsメルセデス」のパネル

8点、6点、4点、2点、1点が与えられる。つまり、フェルスタッペン選手とハミルトン選手のどちらか前で入賞したドライバーがチャンピオンとなる。

ただし、例外が2つあった。

1つは両者が無得点に終わること。この場合、同点のまま選手権が終わるが、同点の場合は上位入賞回数が多い選手が上になるルールとなっているため、優勝回数でハミルトン選手を上まわっていたフェルスタッペン選手がチャンピオンとなる。

この年のフェルスタッペン選手はチャンピオンシップ争いを演じていたように、チェッカーフラグを受けたレースはすべて入賞。また、ハミルトン選手も完走したレースは1回を除いてすべてポイントを獲得していた。よって2人が無得点に終わることは考えにくかった。

そうなると、無得点以外で同点になるのは、もう1つの可能性しかない。それはハミルトンが9位（2点）、フェルスタッペンが10位（1点）＋ファステストラップ（1点）を獲得した場合だ。

しかし、この年のフェルスタッペン選手は入賞したレースのほとんどが優勝か2位で、それ以外のハンガリーGPの9位が1回しかなかった。また、ハミルトン選手もこの年は入賞したレースで8位以下はなく、ハミルトン選手が9位でフェルスタッペン選手が10位でフィニッシュするというケースも考えにくかった。

そうなると、チャンピオンシップ争いの決着は、どちらかが勝って、もう一方が2位でフィニッ

記者会見に応じるレッドブル・レーシングチーム代表のクリスチャン・ホーナー氏の奥では
メルセデスのトト・ウォルフ代表も記者会見に応じている

シュするか、この2人がともにリタイアするかのどちらかである。タイトル争いをしている2人が接触事故を起こしてチャンピオンが決定したレースとして思い出されるのは、1990年の日本GPだ。それだけは避けてほしかった。

なぜなら、最終戦アブダビGPはチャンピオン決定戦であると同時に、2020年の10月にF1からの撤退を発表していたホンダにとって、最後のF1でのレースになる可能性が高かったからだ。

その思いは私だけでなく、日本の多くのファンも同様だった。ホンダのホスピタリティハウス前の壁には、アブダビGPの週末、現地観戦に来たというファンから贈られたメッセージ入りの日の丸が掲げられていた。そのメッセージのほとんどが次のような内容だった。

「ホンダの皆さん本当にお疲れ様でした。数え切れないほどの感動を頂きました！　何度テレビの前でガッツポーズした事か。最後のレース走り切る事を願っています！　ありがとうございました‼」

パドックにいた多くのレース関係者も同じ気持ちだったに違いない。ウイリアムズでメカニックを務めていた白幡勝広さんもチームの枠を超えてアブダビGPの週末にホンダのホスピタリティハウスを訪れ、日の丸にメッセージを書き込んでいた。

ホンダには勝って、チャンピオンに輝いてほしいが、それよりもまず100％の力を出し切ってほしい。勝っても負けても、悔いのないレースをしてほしい。その思いの方が強かった。

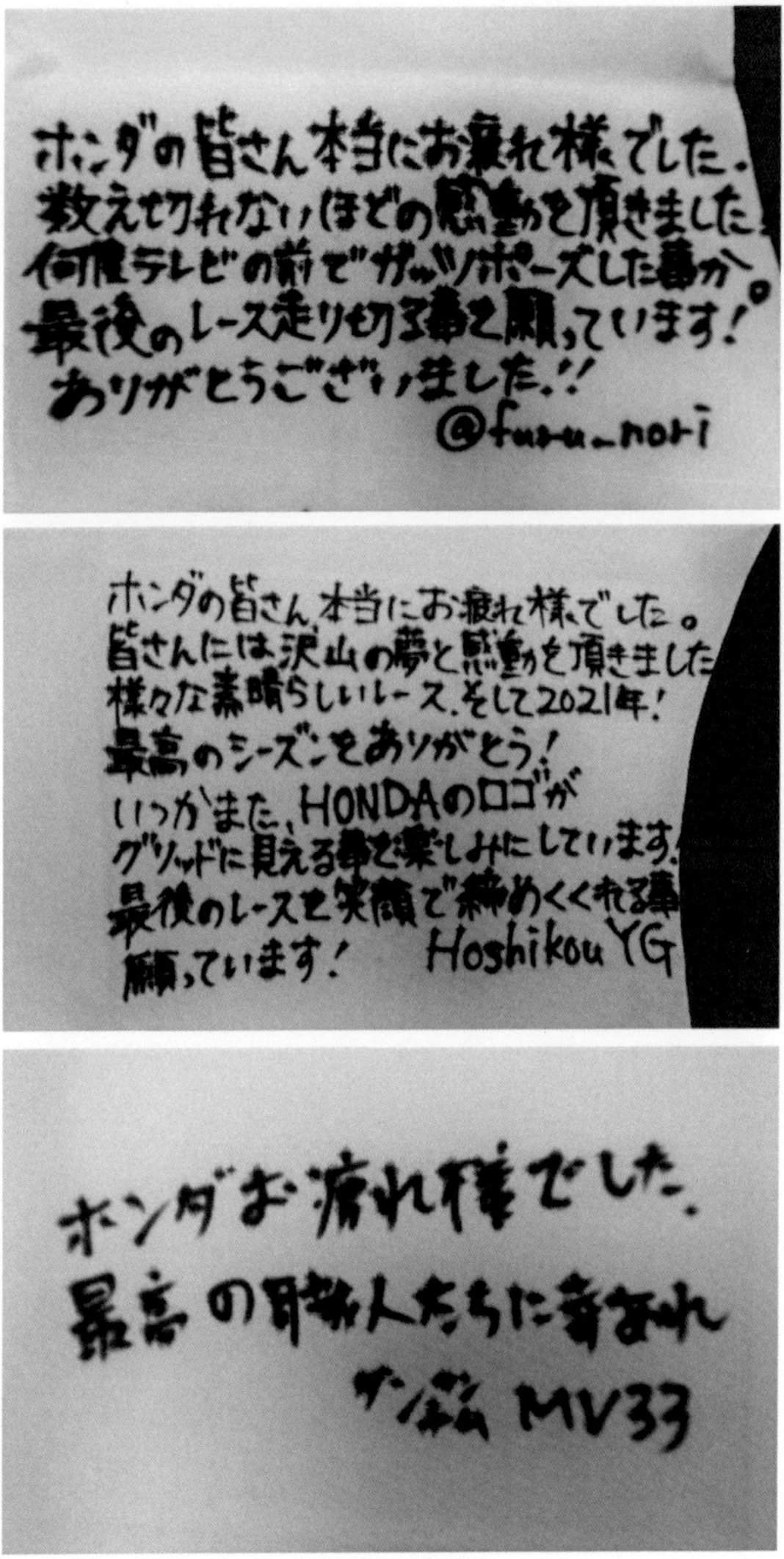
ホンダの皆さん本当にお疲れ様でした。
数え切れないほどの感動を頂きました。
何度テレビの前でガッツポーズした事か。
最後のレース走り切る事を願っています！
ありがとうございました。!!
ホンダの皆さん、本当にお疲れ様でした。
皆さんには沢山の夢と感動を頂きました
様々な素晴らしいレース、そして2021年！
最高のシーズンをありがとう！
いつかまた、HONDAのロゴが
グリッドに見える事を楽しみにしています。
最後のレースも笑顔で締めくくれる事
願っています！
HoshikouYG
ホンダお疲れ様でした。
最高の職人たちに幸あれ
MV33
たくさんのファン直筆メッセージが日の丸に添えられていた

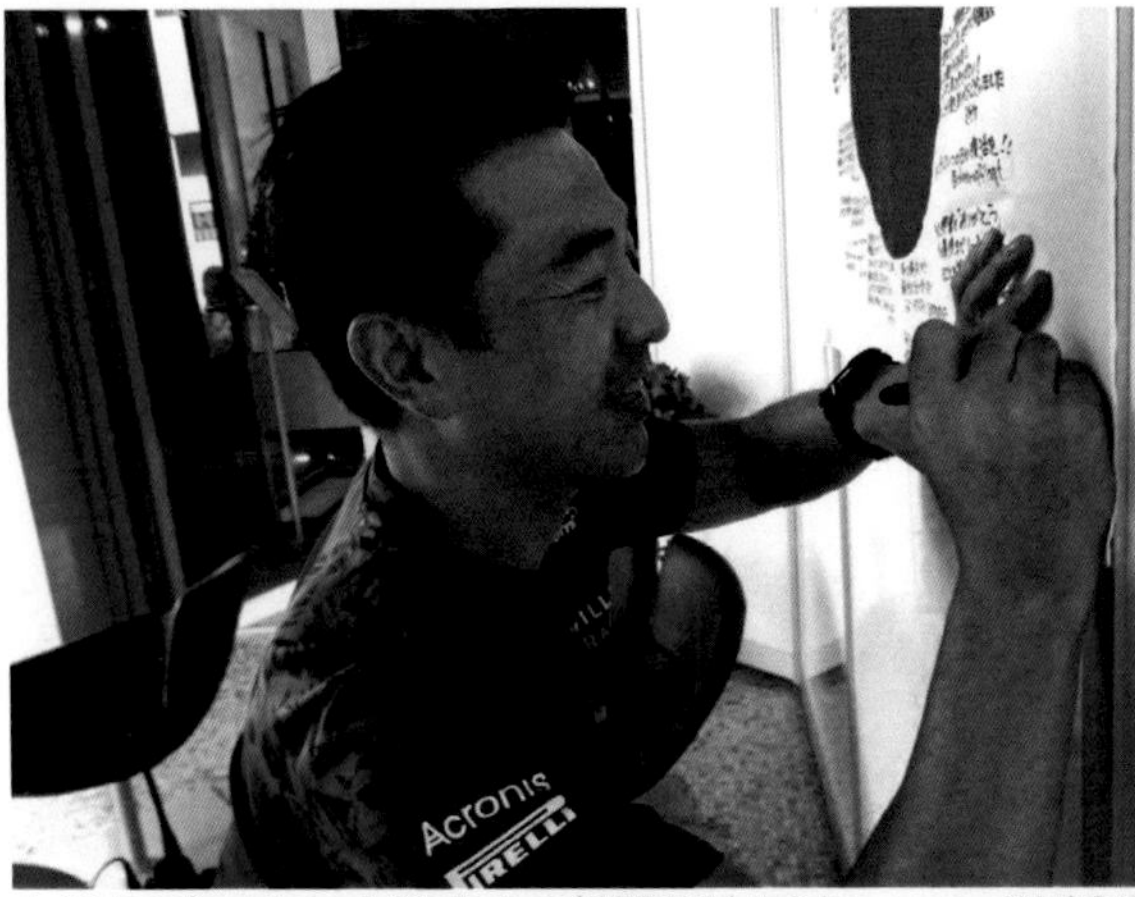

ウイリアムズのメカニックを務めていた白幡勝広氏も日の丸にメッセージを書き込んでいた

そんな週末に向けて、私はあるものを準備していた。それはこれまでお世話になった2人への花束だった。その2人とはホンダF1のマネージングディレクターを務めていた山本雅史さんと、テクニカルディレクターとしてエンジニアやメカニックたちを統率していた田辺豊治さんだ。

第4期のホンダのF1活動では、この2人がメディアへの対応を行なってくれた。田辺さんはすべてのグランプリで木曜日〜日曜日まで毎日。山本さんも毎日ではなかったもののすべてのグランプリで私の個別インタビューに応じてくれた。だから、最後の一戦を前に感謝の印として、花束を贈呈したかった。そのことを熱田カメラマンにも相談したら、「ぜひ、そうしよう」と快諾してくれた。

また、最終戦のアブダビGPには日本からジャーナリストの柴田久仁夫さんと、当時オートスポーツ誌の編集長を務めていた田中康二さんが取材に来ていたので、彼らにも声をかけ、日本のメディアとして2人に花束を贈ることになった。

そのタイミングは、決戦の当日、日曜日の朝にした。

【第25話】最後の集合写真

ホンダにとって最後の一戦となった2021年のアブダビGPの土曜日の予選。ホンダとレッドブルは、最後の最後まで全力を尽くして戦っていた。

予選前、最後のフリー走行となったFP（Free Practice）3でレッドブルは2台のマシンに異なる仕様のリアウイングを装着して、ストレートスピードとラップタイムの差を確認していた。セッション後、走行データを分析し、ドライバーやレース戦略家を交えて、どの仕様のリアウイングにするかを話し合った。

その話し合いを終え、レッドブルが2台にこれから始まる予選と日曜日の決勝レースに使用するリアウイングを装着し始めたのは予選開始まで30分を切ってからだった。セルジオ・ペレス選手のリアウイングにいたっては、装着が完了したのは予選開始まで5分を切っているギリギリのタイミングだった。

その期待にマックス・フェルスタッペン選手はしっかりと応え、自身シーズン10回目、ホンダにとって通算90回目のポールポジションを獲得した。ただし、そのポールポジションはペレス選手がフェルスタッペン選手にスリップストリームを使用させるというチームプレーによって得たもの

フェルスタッペン選手のマシンのウイングを交換している様子

セルジオ・ペレス選手が乗るマシンのリアウイング交換が完了したのは予選開始5分を切っていた

だった。ポールポジションは取ったものの、メルセデスとルイス・ハミルトン選手の速さは、依然としてアブダビGPでもレッドブル・ホンダにとって脅威となっていた。

最後の一夜が明けた。2021年12月12日、日曜日。アブダビの朝は青空とともに明けた。レースは夕方5時からだったが、私は午前中にホテルを出た。ホンダの集合写真の撮影会がお昼前に行なわれるからだ。その撮影会に私は2つの花束を持っていった。1つはテクニカルディレクターの田辺豊治さんに、もう1つはマネージングディレクターの山本雅史さんに手渡した。

田辺さんは、責任感が強く、実直な方だった。ホンダが勝ち始めてからも、地に足をつけ、常に日本の研究所であるHRD Sakura（現在のHRC Sakura）のスタッフの努力を称え、現場で仕事するスタッフを気遣っていた。

私はそんな田辺さんから一度、お叱りを受けたことがあった。2019年のブラジルGPのことだ。フェルスタッペン選手がポールポジションを取った後に行なった囲み取材で、私は田辺さんに「圧倒的な速さでポールポジションを取ったのに、金曜日まではかなり静かでしたが、実際は自信があったんじゃないですか?」と、ちょっと軽い内容の質問をした。すると、田辺さんは「レースというのは、常に相手があることなので、そういう質問には答えられないし、これからも答えたくない」と厳しい口調で返答した。ポールポジションを取ることがいかに大変なことなのかを軽く見られたことに対して、田辺さんはホンダを代表して我慢ならなかったのだと思う。

何とかポールポジションを獲得できたマックス・フェルスタッペン選手

テクニカルディレクターの田辺豊治さんに花束を贈呈した

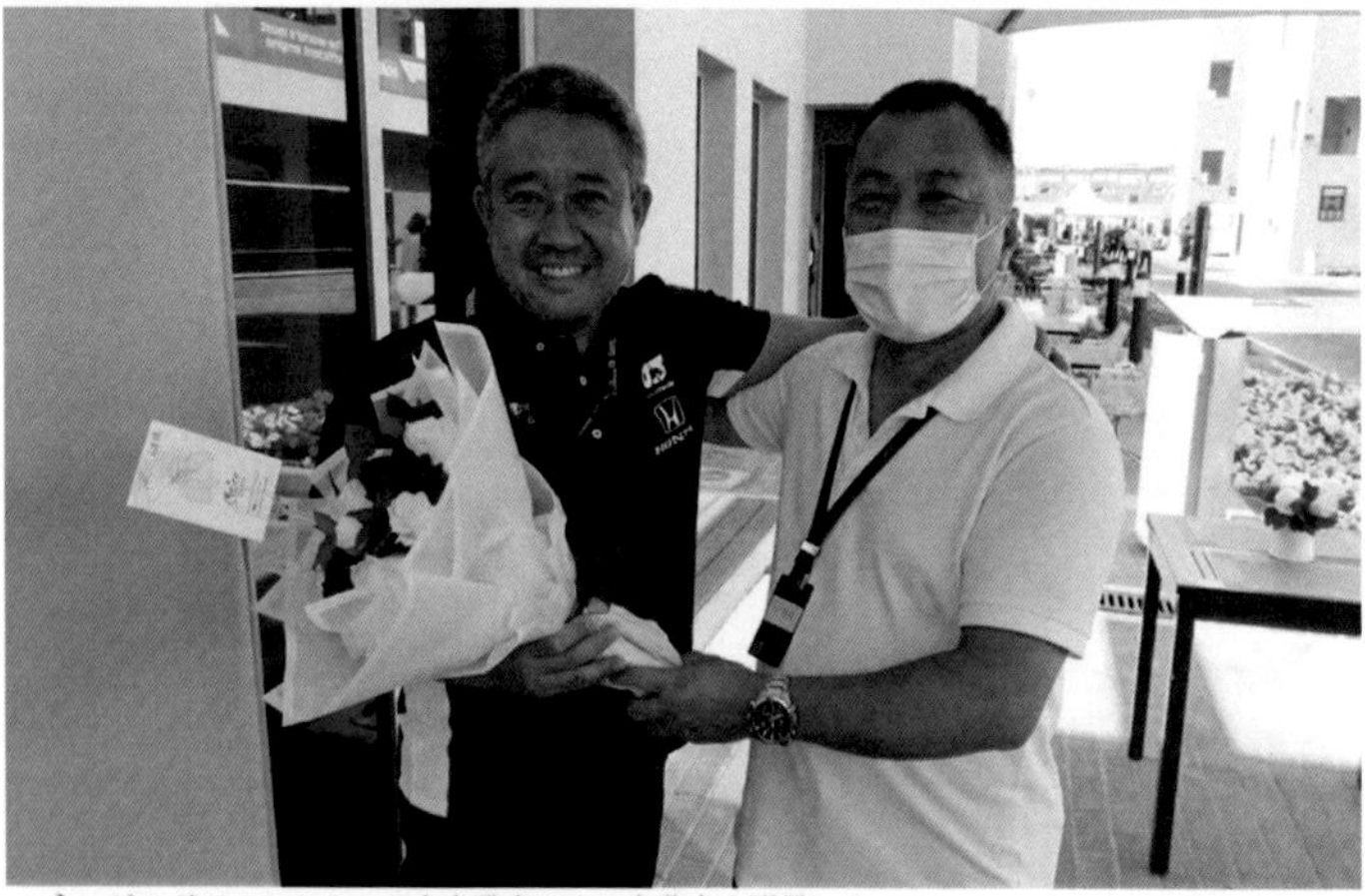

マネージングディレクターの山本雅史さんにも花束を贈呈した

山本さんも、レースに対しては、常に厳しかった。と、同時に俯瞰で物事を見ることができ、周囲に常に気を配る方でもあった。

２０２１年シーズンに世界各国を転戦しながら取材する大変さは、これまでもこの連載で何度も書いていたが、私たちが最終戦まで取材できたのには、山本さんからのサポートが非常に重要な役割を果たしていた。山本さんは栃木研究所時代に技術広報をしていたこともあり、メディアの重要性を熟知していた。

もし、私と熱田カメラマンが同行取材できなければ、ホンダＦ１のラストイヤーだというのに日本人メディアが皆無という状況になる。私たちが困っていたときは、さまざまな形でサポートし、背中を後押ししてくれた。

そしてもう１人、この場を借りて感謝したい人がいる。当時ホンダで広報を務めていた鈴木悠介さんだ。田辺さんと山本さんの２人の間に入って、私たちとコミュニケーションを図ってくれる鈴木さんがいなかったら、ここまで取材活動はできなかった。

鈴木さんはレース後、ホンダのスタッフが食べているカツカレーを、現場で取材している日本人のために人数分、取り置きしてくれた。鈴木さんがそこまでしてくれたのは、おそらくＦ１というスポーツが日本の一般のファンには分かりにくく、日本でＦ１の認知度を上げるにはメディアの力が必要だと考えていたからだと思う。

2021年のアブダビGP決勝前、レッドブルとアルファタウリで仕事しているホンダのスタッフ全員で集合写真を撮った

鈴木さんはホンダＦ１のラストイヤーを最後にホンダを退職し、現在はレッドブル・レーシングで活躍している。それでも、いまでも日本のＦ１のことを考え、世界で戦っている。このような日本人がこれからもＦ１で活躍してくれることを望みたい。

本当は鈴木さんにも花束を用意したかったたが、鈴木さんに花束を渡すと、ほかに渡さなければならない人がたくさん出てくるため、ホンダＦ１の現場の顔というべき存在の田辺さんと山本さんの２人だけに手渡した。

花束贈呈の後、レッドブルとアルファタウリで仕事しているホンダのスタッフが全員集合して、撮影会が始まった。そのとき、ちょうどサーキット入りしたばかりの角田裕毅選手が通りかかった。ホンダに育ててもらい、ホンダを愛する角田選手にとって、ホンダＦ１のラストショットになるかもしれなかったその集合写真を見て、感じるものがあったのだろう。

「一緒に写真を！」といって無理やり連れ出し、ホンダＦ１の首脳陣たちと集合写真を撮った。みんな、いい顔をしていた。最後のレースまで、５時間を切ろうとしていた。

当時ホンダで広報を務めていた鈴木悠介さん

たまたま撮影現場に角田選手が通りかかった

ホンダF1の首脳陣たちとの記念撮影

【第26話】託した日の丸

２０２１年のＦ１最終戦アブダビＧＰの日曜日の午前中、ホンダの集合写真を撮った後、私はマネージングディレクターだった山本雅史さんに近寄り、「ちょっと相談したいことがあるんですが、いいですか？」と言って、２人だけになった。このとき、私のポケットには小さく折りたたんだ日の丸があった。

２０２１年シーズンの取材を行なうために、最後に日本を出発したのはアメリカＧＰへ向かう前の10月中旬だった。このとき、私のスーツケースには、通常の取材時に持ち運ぶ物以外に、２つの物が入っていた。

１つは、年間表彰式に出席するためのフォーマルなスーツで、もう１つが日の丸だった。ホンダにとって、最後のＦ１活動となるシーズン終盤のどこかのタイミングで、日の丸が必要になるかもしれないと考えていたからだ。

ただ、日本を発つ前は、レッドブルとホンダが最終戦を待たずして、チャンピオンになると考えていたため、日の丸が必要になるチャンスは簡単に訪れるだろうと楽観していた。ところが、最終戦直前の３戦をすべてメルセデスのルイス・ハミルトン選手が優勝したため、タイトルの行方は

当時ホンダF1のマネージングディレクターを務めていた山本雅史さんに、
フェルスタッペン選手が勝利した場合に日の丸を渡してほしいと託した

まったく分からない状態で最終戦を迎えることとなった。

果たして、この日の丸をどう使うべきか、私は思案に暮れた。

このとき、私の中ではパルクフェルメでマックス・フェルスタッペン選手に掲げてほしいという思いがあった。それは、パルクフェルメならば、多くのカメラマンがいるので、その様子がとらえられると考えたからだ。メディアの報道を通して、フェルスタッペン選手が日の丸を見せることで、現場はもちろん、日本でF1を戦っているホンダのスタッフに、フェルスタッペン選手からの感謝の意思が伝わればいいなと思っていたからだ。

もちろん、日の丸を用意したのは私だから、〝やらせ〟だと言われれば、それまでだが、フェルスタッペン選手は「ありがとうHONDA」というメッセージをヘルメットの後頭部に込めていたことからも、フェルスタッペン選手自身も最終戦はホンダへの感謝の気持ちを込めながら走るに違いなかった。

ただ、ヘルメットの後頭部に刻まれたメッセージだけでは伝わりにくい。そこで私はレースを走り終えて、パルクフェルメに戻ってきたフェルスタッペン選手に日の丸を渡し、カメラの前で披露してもらうのがベストだろうと考えていたのだ。

ただし、このアイディアには2つの関門があった。1つは、当時2021年はまだ新型コロナが蔓延していたため、パルクフェルメ周辺には規制がかかっており、メディアが自由に近づくことが

2021年のアメリカGPのレース後のパルクフェルメ。
表彰台を獲得したペレス選手用に関係者がメキシコの国旗を用意していた
(C) Getty Images / Red Bull Content Pool.

できなかった。

そこで、私は国際自動車連盟（ＦＩＡ）のメディア担当に「レース後にフェルスタッペ選手に日の丸を渡したいのだが、どうすればいいか？」と素直に尋ねてみた。すると、ＦＩＡのメディア担当は「レッドブルのチーム関係者なら、パルクフェルメに近づくことができるので、そのだれかに渡してみるのが一番確実だろうと思う」と答えてくれた。

そこで、私はフェルスタッペン選手の父親のヨス氏やクリスチャン・ホーナー代表に相談することを考えたが、土曜日にフェルスタッペン選手がポールポジションを獲得したとはいえ、優勝するかどうかは分からない緊迫した中で日曜日の朝を迎えていたため、そんな状況では相談するのは失礼だろうと断念した。そもそも、ヨス氏とフェルスタッペン選手はオランダ人であり、ホーナー氏が代表を務めるチームはオーストリア国籍だから、彼らに日の丸を託すには無理があった。これが2つ目の関門だった。

しかも、チャンピオンがかかった最終戦がどんな戦いになるのかまったく読めなかった。日の丸を渡す状況が整えばいいのだが、そうならない可能性もある。しかも、その状況はチェッカーフラッグが振られてみないと分からない。

半ば、日の丸を渡すことをあきらめていたときに、私の頭の中に登場してきたのが、山本さんだった。

フェルスタッペン選手の父親のヨス氏　(C) Getty Images / Red Bull Content Pool.

レッドブルのクリスチャン・ホーナー代表　(C) Getty Images / Red Bull Content Pool.

山本さんならば、日本人として日の丸を持つことは自然なことだったたし、その年のアメリカGPでは表彰台に上がった経験もあり、パルクフェルメでも常に首脳陣と側で、レース後のフェルスタッペンを祝福していた。さらに、状況を考えて、渡すこともできるし、渡さないと判断することもできる人物だった。

日曜日の昼、ホンダの集合写真を撮影した後、私は山本さんに正直に相談した。すると山本は私の気持ちを理解し、日の丸を受け取ってくれた。ただし、こう語った。

「ベストは尽くすけれど、その場の状況によっては、どうなるのか分からないので、その点だけ了承してください」

私は「もちろんです」と言って、日の丸を山本さんに預けた。

それから、約5時間後にスタートが切られたアブダビGP決勝レース。山本さんは日の丸をポケットに忍ばせ、レッドブルのガレージに向かった。

勝つか負けるか……、しかし、フェルスタッペン選手とハミルトン選手による世紀の一戦は、想像を超えた展開となり、日の丸を渡したことさえ忘れるようなドラマが待っていた……。

2021年シーズンのアメリカGPでは表彰台に上がっていた山本さん
(C) Getty Images / Red Bull Content Pool.

【第27話】甘じょっぱかった、カツ丼

メディアセンターで最後の一戦に向けて、準備を進めていた日曜日の午後、ホンダで広報を務めていた鈴木悠介さんから「最後にホンダのホスピタリティハウスでランチでもいかがですか?」というメッセージが来た。

ホンダのホスピタリティハウスでは、いつも決勝レース後にカツカレーが振る舞われ、そのお裾分けを日本人メディアもいただいていた。しかし、今回は決勝レース前の食事のお誘い。迷うことなく喜んでいただくことにした。

もちろん、それはおいしい日本食が食べられるからなのだが、2021年のアブダビGPでホンダのホスピタリティハウスにお邪魔する理由はそれだけではなかった。

ホンダF1のホスピタリティハウスを運営しているのは、イギリス人のデイブ・フリーマン氏。ホンダのホスピタリティハウスでは、レッドブルやアルファタウリで仕事するホンダのメンバーが食事の時間になると帰ってきて、一日3食ここで食事している。その食事をまかなっているのが、フリーマン氏が経営するケータリングスタッフだ。

フリーマン氏とホンダとの付き合いは長い。フリーマン氏は次のように述懐する。

ホンダF1のホスピタリティハウスを運営していたイギリス人のデイブ・フリーマン氏。
ホンダF1との関係がとても長い1人

「私がめてホンダと仕事をスタートしたのは、ホンダがＦ１復帰を目指してテストしていた１９９９年。テスト・ドライバーだったヨス・フェルスタッペン選手が、まだ2歳だった息子のマックス君を連れてきて、コクピットに座らせていたよ」

しかし、当時プロジェクトのリーダーを務めていたハーベイ・ポスルスウェイト氏がテスト中に心筋梗塞で倒れ、そのまま帰らぬ人となってしまったため、ホンダはワークス参戦を取り止め、BARと組んでエンジンサプライヤーとして第3期Ｆ1活動を行なうことになった。

ただし、ホンダはエンジンサプライヤーとして自前のモーターホームを準備するため、フリーマン氏の会社と正式に契約。ホンダがＦ１に復帰した２０００年から、フリーマンもＦ１のケータリング会社としてＦ１に参戦した。

ホンダのモーターホームを始めるにあたってフリーマン氏は、かつてホンダの工場があったスウィンドン近くにあるスタントンハウスホテルにシェフとして働き、日本食のトレーニングを積むなど、日本人スタッフに食事を提供するための努力を重ねた。２０００年～２００８年までのホンダの第3期Ｆ1活動時代には、ホンダは自分たちのスタッフたちだけでなく、メディアへも食事を提供していた。本格的な日本食が食べられるということで、日本人だけでなく海外メディアが行列するほど、ホンダのモーターホームは賑わった。ホンダの日本食は、メディアだけでなく、ライバルチームのドライバーたちからも人気があり、２０００年代にはミハエル・シューマッハ選手がマネ

朝食を準備するフリーマン氏（左）と日本人スタッフ（右）

お弁当箱のフタにはホンダのロゴが入っている

ージャーに頼んでお寿司を出前していたほどだった。

フリーマン氏は2008年限りでホンダがF1を撤退すると、2010年はホンダF1を引き継いだブラウンGPのケータリングを任され、チームとともにドライバーズチャンピオンを祝った。ブラウンGPがメルセデスに買収された後は、ロータス、フォース・インディアのケータリングを担当していた。

そして、ホンダが2015年からF1に復帰すると発表し、ホンダからケータリングの運営をお願いされると二つ返事で了承。2015年からホンダのモーターホームに帰ってきたというほど、ホンダへの忠誠心は強い。

「ホンダから『F1に復帰するから手伝ってほしい』と誘われたとき、私に迷いはなかった。ホンダのスタッフは本当に一生懸命で、彼らのサポートをすることはとてもやりがいがあるからね。私たちだって、ホンダが勝てばうれしいし、負ければ悔しい。ケータリングスタッフもホンダと一緒に戦っているんだよ」とフリーマン氏は語る。

フリーマン氏は私と同じ1964年生まれ。2021年は57歳となっていた。この世界で長年の経験があり、腕を買われてきたフリーマン氏には別のチームまたは企業でケータリングを続ける道もあった。だが、フリーマン氏もまた2021年限りでF1に別れを告げる決断を下した。

「私がF1に参加できたのは、ホンダのおかげ。だから、ホンダとともにF1を去ることにした。

ホンダ・ドライバー全員のサインが入ったホンダF1活動第3期時代のユニホームを着ていたフリーマン氏

佐藤琢磨選手のサイン

ホンダには本当に感謝している。いいF1生活だった」そう言ったフリーマン氏は、自身最終戦となった2021年のアブダビGPに特別なユニホームを持参していた。それはホンダ・ドライバー全員のサインが入ったホンダF1活動第3期時代のユニホームだった。

そのフリーマン氏が経営するホスピタリティハウスでの最後の食事を、私はマネージングディレクターだった山本雅史さんとテーブルをご一緒させていただいた。差し出されたメニューを見て、私たちが頼んだのは、カツ丼だった。もちろん、カツ丼を食べたい気持ちもあったが、最終戦に「勝つ」という意味を込めてのオーダーだった。

このカツ丼が最後になるのかと思って食べたカツ丼の味は、寂しい気持ちもあいまって、少しだけ甘じょっぱく感じたのだった。

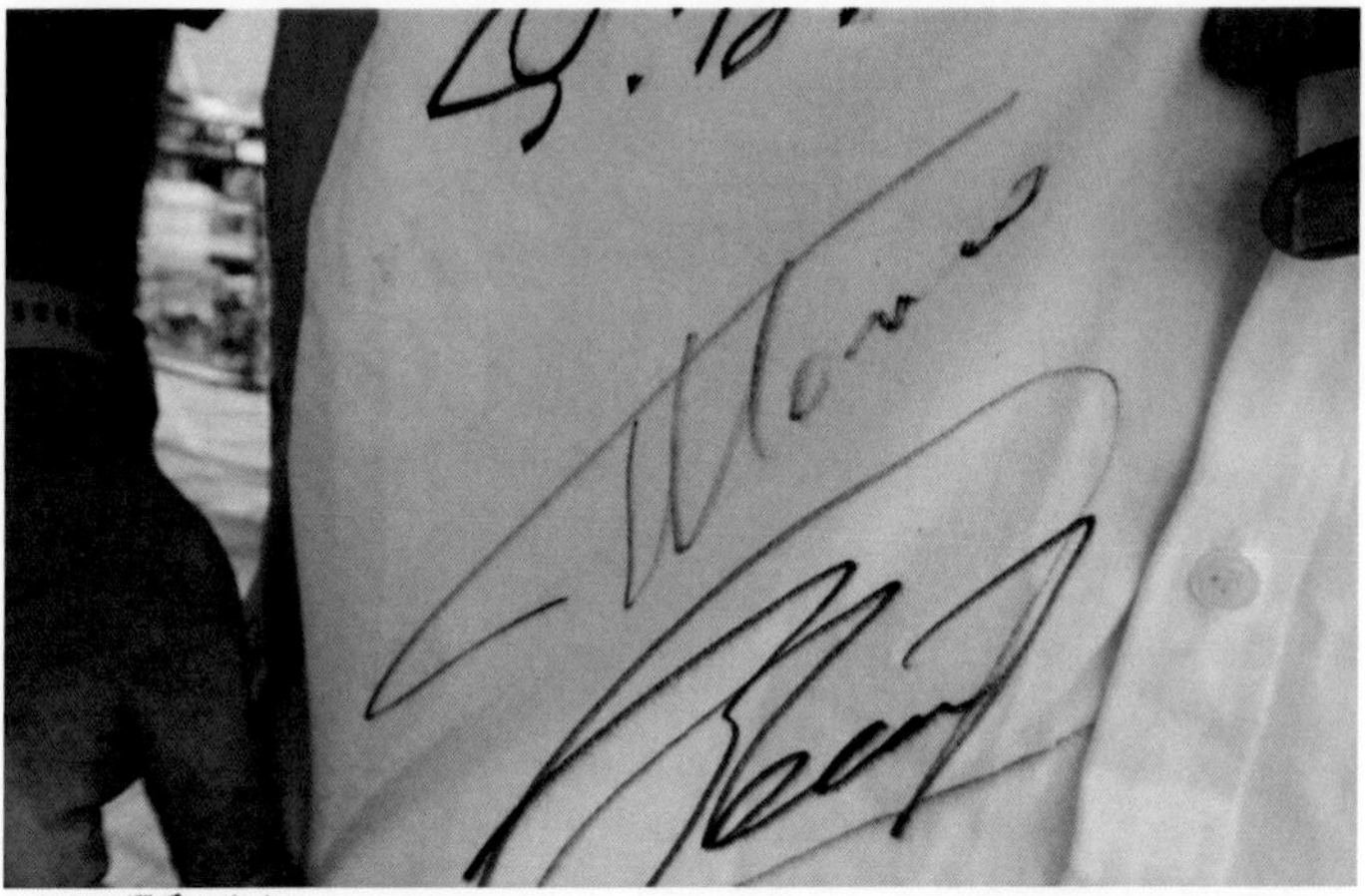

アロンソ選手のサイン

アルボン選手とフェルスタッペン選手のサイン

フリーマン氏が経営するホスピタリティハウスでの最後の食事となっカツ丼

2021年当時マネージングディレクターだった山本雅史さんと一緒にカツ丼を食べた

【第28話】フェルナンド・アロンソ選手の思い

いよいよ、2021年の最後のF1レースが始まる。西日に照らし出された最終戦のスターティンググリッドは、さまざまな別れの舞台となってきた。

2021年はキミ・ライコネン選手がF1からの引退を表明していた。ライコネン選手は2007年のチャンピオンであると同時に、当時はF1史上最多となる349戦に出場した鉄人でもあり、F1界のレジェンドでもあった。

スターティンググリッドでライコネン選手の姿を見るのは、これが最後となる。通常なら、2018年にフェルナンド・アロンソ選手や2016年のジェンソン・バトンのグリッドへ行ったように、ライコネン選手のグリッドへ行くべきだろう。しかし、私はライコネン選手のグリッドへ行くことはなかった。なぜなら、ホンダF1の最後の戦いを見届けたかったからだ。

思い返せば2009年も同じように、最終戦のグリッドで私はトヨタF1を追い続けていた。あのときは、3日後に撤退発表を行なうことを知りつつ、それを言葉にできないという重い雰囲気が漂っていた。

だが、2021年のホンダの場合は、まったく違っていた。すでに撤退することを公表していた

2021年のF1最終戦。マネージングディレクターである山本雅史さんのもとに、
過去にホンダのドライバーを務めた経験のあるフェルナンド・アロンソ選手が訪れ激励していた

1980年代にホンダと仕事したアラン・プロスト氏も山本さんを訪れていた

だけでなく、最後の一戦にタイトルがかかっていたからだ。多くのドライバーや関係者が山本雅史マネージングディレクターのもとを訪れていた。その中でも忘れられないのがアロンソ選手の訪問だった。

ホンダがアロンソ選手とレースをしていたのは、2015年~2017年までの3年間。しかし、この3年はアロンソ選手にとって、厳しい3年間だった。ホンダのパワーユニットの性能はライバルたちから大きく水をあけられていた。その性能は、アロンソ選手がレース中に無線で、当時のF1直下のカテゴリーを意味する「GP2のエンジンかよ‼」と叫んだほどだった。

性能だけではない。信頼性にも問題があり、アロンソ選手がいた3年間、ホンダのパワーユニットは壊れまくった。

だから私は、「ホンダが自分のキャリアを台なしにした憎き存在だ！」という思いをアロンソ選手が心の中に抱いているのではないかと勝手に思い込んでいた。そんなアロンソ選手が山本さんのところにやってきて握手したのだから、驚くのは当然だった。

しかし、よく考えれば、アロンソ選手というドライバーは、勝利に人一倍こだわるドライバーで、勝つためなら問題を常に指摘してきたドライバーだった。ホンダの前にはフェラーリを、その前のマクラーレンでも自分のほうが正しいと思うときは、チームを批判してきた人物だった。ホンダへのさまざまな苦言もその一環に過ぎず、実際には感情的な対立はなかった。

単行本「歓喜」の巻末には、第4期と呼ばれるホンダのF1活動でホンダのパワーユニットでレースした全ドライバーのコメントが掲載されている。最初は2021年にドライブしていた4人のドライバーだけにしようかと思って取材をスタートさせた。なぜなら、アロンソ選手からはコメントをもらえないと思っていたからだ。

ところが、2021年のオーストリアGPのときに、パドックで立ち話していたときに尋ねてみたら、快く答えてくれた。そのコメントの中で忘れられないのが、次の一節だ。

「僕たちが過ごした3年間はとても厳しい期間だったけれど、その3年間があったからこそ、ホンダはその後、大きく改善した」

本当にそのとおりだと思う。パワーユニットやエンジンというのは、エンジニアが実際にF1に乗って走らせることができないので、レスポンスなどのドライバビリティはドライバーの反応がとても重要になる。もし、アロンソ選手があの時期に厳しく指摘していなければ、ホンダの復活はもう少し遅れていたかもしれない。そういう意味では、ホンダはアロンソ選手に鍛えられて2021年にチャンピオンシップを争うまでに成長できたとも言える。

そのことをアロンソ選手も認識していたに違いない。山本さんと握手した後、こう言ったという。

「**チャンピオンを取れ!!**」

それは、自分が鍛えたホンダにチャンピオンになってもらいたいという思いがあったからだろう。

後日、アロンソ選手のマネージャーを務めるアルベルト・フェルナンデス氏がこう語っていることでも分かる。

「ホンダとの関係において、フェルナンドが問題だと思ったことはない。確かに過去に厳しい発言をしたことは覚えているが、それはなにもホンダへだけ向けられたものではなく、技術的に問題があれば、彼はホンダ以外にもこれまでずっと指摘してきた。彼はホンダという組織やホンダのスタッフをいまでもリスペクトしている。そのことは、2021年の最終戦アブダビGPで、フェルナンドがホンダのスタッフの元を訪れて『チャンピオンシップを勝ち取れ』と激励していることからも分かると思う」

ホンダも同様で、山本さんも「フェルナンド選手のことはいまでもリスペクトしている」と語っている。

アロンソ選手からの激励を受けた山本さんはその後、ホンダ・ドライバー4人のグリッドをひとつずつ回った。その山本さんが最後に訪れたグリッドが、ポールポジションのマックス・フェルスタッペン選手だった。そのグリッドは、ほかのどれよりも緊張感が高まっていた。

フォーメーションラップのスタートまで、もうすぐ10分を切ろうとし、メカニック以外のチーム関係者が退去しようとしていたとき、コクピットに収まっていたフェルスタッペン選手に近づいていったのが、ヘルムート・マルコ（モータースポーツアドバイザー）氏だった。右手を差し出し握

ピエール・ガスリー選手のグリッドに足を運ぶ山本さん

ポールポジションのマックス・フェルスタッペン選手のグリッドにも足を運んでいた山本さん

手を交わしたマルコ氏とフェルスタッペン選手を見届け、私はメディアセンターへ帰った。

メディアセンターへ到着すると、ホンダにとって最後のフォーメーションラップがゆっくりとスタートしようとしていた。

最終レースのスタート前に握手を交わしてたモータースポーツアドバイザーの
ヘルムート・マルコ氏とフェルスタッペン選手

【第29話】映し出された日の丸

フォーメーションラップを終え、20台のF1マシンが2021年シーズンのF1アブダビGPの舞台であるヤス・マリーナ・サーキットのグリッドにすべてついた。

2021年12月12日、午後5時2分。ブラックアウトとともに切られたスタートで、ポールポジションのマックス・フェルスタッペン選手は、1コーナーまでに2番手からスタートしたルイス・ハミルトン選手（メルセデス）に先行を許した。

その瞬間、ピットガレージの中でモニターを見つめていたクリスチャン・ホーナー代表は、静かに目を閉じた。スタート直後のピットウォールは事故が発生した場合に危険なため、FIA（国際自動車連盟）と連絡を取るスタッフ以外はガレージにとどまることが義務付けられているためだ。

その直後、オープニングラップでフェルスタッペン選手はハミルトン選手とバトルを演じるも、オーバーテイクするまでにはいたらず、スタートで失ったポジションを取り戻すことはかなわなかった。

ブラジルGPから速さを取り戻したメルセデスのペースはこのアブダビGPでも変わらず、ラップを重ねるごとにハミルトン選手とフェルスタッペン選手の差は開いていった。おそらく、スター

山本雅史マネージングディレクターに預けておいた日の丸は、勝利したフェルスタッペン選手に無事手わたされた (C) Getty Images / Red Bull Content Pool.

1コーナーに最初に飛び込んだのは2番グリッドから好スタートを切ったハミルトン選手だった。そしてそのまま終盤までレースをリードしていた (C) Getty Images / Red Bull Content Pool.

トでフェルスタッペン選手が出遅れていなくとも、フェルスタッペン選手は早々にハミルトン選手にオーバーテイクされていただろう。それほど、2021年終盤のメルセデスは速かった。

ただし、レースは速い者が必ずしも勝つとは限らない。それは、レースは最も速いドライバーが2人だけで戦っているわけではないからだ。遅いマシンが周回遅れとなって現れたり、第三者のトラブルによってセーフティカーが導入されることで有利不利が発生する。そうした運を味方につけなければ勝てないこともある。

2021年の最終戦アブダビGPは、まさにそんな展開のレースだった。タイヤ交換を終えてハミルトン選手との差が8秒以上に広がってしまったフェルスタッペン選手をサポートしたのが、チームメートのセルジオ・ペレス選手だった。タイヤ交換を延ばしてトップを走行していたペレス選手は、タイヤ交換を行なって接近してきたハミルトン選手を押さえ込み、その後ろにいたフェルスタッペン選手との差を約2秒まで縮める役割を果たした。

そのペレス選手の走りは、フェルスタッペン選手をして「チェコ（※ペレス選手の愛称）はレジェンド」と称するほど、最高のアシストだった。

それでも、レースはフェルスタッペン選手が依然としてハミルトン選手の後塵を拝する展開が続いた。私はこの時点でハミルトン選手が勝利することを疑わなかった。

それはレース終盤にニコラス・ラティフィ選手（ウイリアムズ）がクラッシュしてセーフティカ

ーが導入されても変わることはなかった。なぜなら、事故車の回収に時間を要して、レースが再開されない可能性が高かったからだ。

メディアセンターにいたジャーナリストの多くが、「このままセーフティカー先導でレースが終わるだろう」と、あちこちで会話していた。

ところが残り2周で状況が一変する。レースディレクターがハミルトン選手とフェルスタッペン選手の間にいた周回遅れを前に出した直後に、セーフティカーのピットインを命じ、ファイナルラップにレースを再開させるという通常の手順とは異なる驚きの判断を行なった。

この判断により、ハミルトン選手より軟らかいタイヤに交換していたフェルスタッペン選手は再スタートで一気に加速し、ファイナルラップでハミルトン選手をオーバーテイク。そのままトップでチェッカーフラッグを受け、2021年のドライバーズチャンピオンに輝いた。

私の右隣の一角には、イギリス人メディアが陣取っていたが、レースディレクターの判断にさまざまな議論を交わしていた。私もその時点で完全には納得していなかったが、その判断も含めて、それがレースだという認識でいた。2021年を振り返るとき、アブダビGPのこの判断が注目されることが多いが、フェルスタッペン選手とハミルトン選手（あるいはメルセデス）を巡る裁定は、このアブダビGPだけでなく、イギリスGPやハンガリーGPでも行なわれており、そのすべてがレッドブルに有利に働いていたわけではなかった。

使い込んだタイヤのままで、すでに新品タイヤに交換して勢いのあるハミルトン選手と激しいバトルを繰り広げながら押さえ込み、見事フェルスタッペン選手とハミルトン選手の差を2秒まで縮めることに成功したチームメイトのセルジオ・ペレス選手の走り
（C）Getty Images / Red Bull Content Pool.

			GAP	INT		VER	HAM
1	33	M. VERSTAPPEN	LAP	58	1:26.618	17.4	38.4
2	44	L. HAMILTON	2.2	2.2	1:29.330	17.6	38.7
3	55	C. SAINZ	5.1	2.9	1:28.879	17.9	38.3
4	22	Y. TSUNODA	5.6	0.5	1:27.954	17.5	38.0
5	10	P. GASLY	6.5	0.8	1:28.344	17.7	37.4
6	77	V. BOTTAS	7.4	0.9	1:30.479	17.7	38.7
7	4	L. NORRIS	59.2	51.7	1:26.762	17.4	37.7
8	14	F. ALONSO	61.7	2.5	1:27.607	17.6	37.8
9	31	E. OCON	64.0	2.3	1:28.249	17.7	37.8
10	16	C. LECLERC	66.0	2.0	1:29.557	17.7	37.8
11	5	S. VETTEL	67.5	1.4	1:28.303	17.8	38.0
12	3	D. RICCIARDO	1L	24.3	1:29.480	17.7	38.5
13	18	L. STROLL	1L	4.4	1:32.389	17.8	40.4
14	47	M. SCHUMACHER	1L	0.6	1:31.021	19.2	37.8
15	11	S. PEREZ	3L	2L	RETIRED		
	6	N. LATIFI	8L	5L	1:29.752	17.8	37.9
	99	A. GIOVINAZZI	25L	17L	1:29.442	17.9	51.0
	63	G. RUSSELL	32L	7L	RETIRED		
	7	K. RAIKKONEN	33L	1L	RETIRED		

モニターに映し出されたリザルト

そもそも2021年シーズンのフェルスタッペン選手は、ハミルトン選手の303周に対し、652周もレースをリードしていたことを忘れてはならない。アブダビGPの幸運だけで、タイトルを手にしたわけではなく、7度もチャンピオンに輝いていた絶対王者のハミルトン選手をコース上で圧倒し、新チャンピオンの座につくにふさわしい走りを披露していた。

ウイニングランを終えたフェルスタッペン選手は、ホームストレート上にマシンを止めてコクピットを降りると、左後輪タイヤの前でひざまずき、初戴冠にむせび泣いた。

その後、レッドブルのスタッフが待つピットウォール付近まで走ると、待っていた父親のヨス・フェルスタッペンと抱き合い、メカニックたちに肩車されて喜びを爆発させた。

ここで撮影を許可されたカメラマンは数名しかおらず、その中に熱田さんがいた。単行本「歓喜」の表紙に使用されたフェルスタッペン選手のガッツポーズはこのとき撮影されたもので、唯一無二の作品だ。

その後、フェルスタッペンはパルクフェルメに入って、ホーナーやヘルムート・マルコら、チーム首脳陣と喜びを分かち合った。そのマルコの横に陣取っていたのが、山本雅史マネージングディレクターだった。近づいて来たフェルスタッペンの肩をたたいて祝福した山本さんは、そっとポケットからあるものを取り出し、フェルスタッペンの前で広げた。それは、レース前に私が山本さんに手わたした日の丸だった。

左後輪タイヤの前でひざまずき、初戴冠にむせび泣くフェルスタッペン選手
（C）Getty Images / Red Bull Content Pool.

フェルスタッペン選手がチームスタッフと勝利を分かち合った瞬間。
右端にいるカメラマンが、F1カメラマン熱田護氏だ

このパルクフェルメには表彰台を獲得したチームの専属カメラマンとF1の専属カメラマンしか入れない。レッドブルの専属カメラマンが撮影しているかどうか不安だったが、しばらくしてレッドブルのメディアサイトを確認したら、しっかりとアップロードされていた。

山本さんもギリギリまで日の丸を渡すかどうか迷ったという。確かにフェルスタッペン選手はオランダ人であり、レッドブルはオーストリアのチーム。それでも、写真を見る限り、フェルスタッペン選手は喜んで日の丸を山本さんと一緒に広げているように見える。この写真から、いかに山本さんがレッドブルから信頼され、フェルスタッペン選手がホンダを愛しているかが伝わってくる。

山本さんがいなければ、この写真を見ることはできなかっただろう。私にとって、さまざまな思いが詰まった忘れることのない一葉の写真となった。

フェルスタッペン選手と抱き合うヘルムート・マルコモータースポーツアドバイザー
(C) Getty Images / Red Bull Content Pool.

フェルスタッペン選手と喜びを分かち合う山本雅史マネージングディレクター
(C) Getty Images / Red Bull Content Pool.

【第30話】涙の理由

2021年のF1最終戦アブダビGPの決勝レースが終了した後、私はいつものようにドライバーたちの声を拾いに、ミックスゾーンへ向かった。

そこにやってきたアルファタウリの角田裕毅選手の顔は、自然と笑みがこぼれていた。それは、角田選手がこの日のレースでメルセデスのバルテリ・ボッタス選手を2度もオーバーテイクして、表彰台まであと一歩となる4位でチェッカーフラッグを受けたことだけが理由ではなかった。

ここまで角田のレース人生を支えてきたホンダが、マックス・フェルスタッペン選手とともにドライバーズチャンピオンを獲得したことも大きく関係していた。

「マックスを大いに祝福したいです。今シーズンはとても激しい争いで、今日の結果はチャンピオンにふさわしい結果だと思います。彼がホンダに素晴らしい結果をもたらしてくれたことにも感謝したい。彼のおかげでホンダのF1最後の年を最高の形で祝うことができました」

角田選手のコメントをもらった後、私の足は自然と、表彰式を終えてホンダのスタッフが帰ってくるであろうレッドブルのホスピタリティハウスへと向かっていた。すでにそこにはホンダの山本雅史マネージングディレクターをはじめ、ホンダの首脳陣が集まっていた。そして、ホンダが用意

2021年のF1最終戦後、当時のF1テクニカルディレクターであった田辺豊治氏が、
同じく当時副テクニカルディレクターの本橋正充副氏と抱き合い、涙を流していた

2021年の最終戦では表彰台まであと一歩となる4位でチェッカーフラッグを受けた
アルファタウリの角田裕毅選手

していたチャンピオンTシャツを重ね着していた。

しばらくすると、「じゃ、アルファタウリのガレージ前へ行くぞ」という山本さんの掛け声とともにホンダのスタッフが移動を始めた。レース前に、熱田護カメラマンから「レース後にホンダの最後の集合写真を撮らせてください」とお願いされていたからだった。

山本さんの後を追って、ピットレーンを走っていくと、アルファタウリのガレージ前でホンダのスタッフたちが歓喜していた。その中には、マクラーレン時代にフェルナンド・アロンソ選手のパワーユニット・エンジニアを務めていた森秀臣エンジニアの姿もあった。

２０１４年にホンダがＦ１復帰へ向けて、初めて実走テストを行なったのがアブダビだったことは以前にも触れたと思う。そのテストは、トラブルに次ぐトラブルの連続で、ホンダのエンジニアはホテルに帰ることができず、サーキットで不眠不休で作業を続け、最終日はフラフラで立ってられない状態だったという、あの伝説のテストだ。

森エンジニアはその後、イギリスのミルトン・キーンズにあったホンダのファクトリーに勤務していたが、最終戦ではピエール・ガスリーの担当エンジニアとして参加していた。その森エンジニアと抱き合っていたのがレッドブルで当時セルジオ・ペレス選手を担当していた湊谷圭祐パワーユニット・エンジニアだった。

このようにアルファタウリのガレージ前では、レッドブル、アルファタウリという配属に関係な

アルファタウリのガレージ前で歓喜していたホンダのスタッフたち

マクラーレン時代にフェルナンド・アロンソ選手のパワーユニット・エンジニアを務めていた
森秀臣エンジニア（奥）と、当時セルジオ・ペレス選手を担当していた
湊谷圭祐パワーユニット・エンジニア（手前）

く、ホンダのスタッフたちが喜びを分かち合っていた。それはマックス・フェルスタッペン選手がチャンピオンを獲得したからというより、「ホンダとして、やり切った」という充実感があったからではないだろうか。

その証拠に、このときレッドブルのガレージ前はまだひっそりしていた。というのも、チェッカーフラッグ直後にメルセデスがレース再開方法を巡って、レース審議委員会に抗議を出しており、フェルスタッペン選手のチャンピオンは確定していなかったからだ。

そんな中、ホンダはアルファタウリのガレージ前で、スタッフ全員での集合写真を撮影していた。しかも、みな笑顔だった。それはメルセデスの抗議がたとえ認められて、決勝レース結果が覆ったとしても、最終戦を全力で戦ったことに変わりなかったからだったと思う。そのことを確信したのは、この直後に目撃した、ある涙だった。撮影を終え、取材を始めようとした時、目の前で田辺豊治F1テクニカルディレクターが本橋正充副テクニカルディレクターと抱き合い、涙を流していた。それまで4年間、田辺さんを取材してきたが、あれほど感情をむき出しにしていた田辺さんを見るのは初めてだった。

田辺さんと本橋さんの関係は、ホンダの第3期F1活動時代から続くもので、当時ジェンソン・バトン選手の担当エンジニアだった田辺さんの下で一緒に仕事したのが本橋さんだった。

アメリカのインディで仕事していた田辺さんが2018年からテクニカルディレクターとしてF

アルファタウリのガレージ前で、ホンダスタッフ全員で集合写真を撮影した

2021年シーズンのF1チャンピオンを獲得したマックス・フェルスタッペン選手とホンダの山本雅史マネージングディレクター

1に復帰したとき、Sakura（当時はHRD）で仕事していた本橋さんを現場の副テクニカルディレクターに抜擢したのも田辺さんだ。

本橋さんは田辺さんが影ながら苦労していたことを間近で見てきた人間だった。

「田辺さんは第2期のころチャンピオンを経験していますが、今は立場が違うし、背負っているものの大きさが違います。しかも、F1プロジェクトに入ってきた2018年以前はアメリカでインディをやっていたので、2015年以前からF1プロジェクトで仕事していた私たちに追いつこうと一生懸命パワーユニットのことを学んでいました。その姿を見ていたので、本当にお疲れ様でしたと言いたいです」

その後、レース審議委員会がメルセデスの抗議を却下してフェルスタッペン選手のチャンピオンが確定。これを受けて、レッドブルとレッドブルで仕事するホンダのスタッフがホームストレート上で集合写真を撮影。ひと通りの取材を終えてメディアセンターへ帰ると、時計の針は22時をまわっていた。

そこから深夜過ぎまで原稿執筆作業を行ない、ホテルへ帰ったのは朝方だった。熱田カメラマンが運転するレンタカーに乗ってホテルへ帰る途中、「あんなこともあった」「いや、こんなこともあった」と、1年を振り返る話で盛り上がった。

考えてみれば、コロナの中で取材を1年間続けるなんて経験は、もしかするとこれが最初で最後となるかもしれない。さらに、その1年でホンダが30年ぶりのチャンピオンを獲得し、フェルスタッペン選手が史上最強と言われたメルセデスのルイス・ハミルトン選手との激闘の末に初の王者となった。こんな1年、30年以上、F1を取材してきて、初めてのことだった。

ホテルへ到着すると、熱田カメラマンが右手を差し出してきた。

感謝しなければならないのは、こちらのほうだった。差し出された右手を握りしめ、私たちの旅はここで幕を閉じた。

【最終話】年間表彰式、そして帰国

最終戦を終え、通常なら帰国の途につくところだが、私は２０２１年の最終戦アブダビＧＰが閉幕した後もアブダビにとどまっていた。まだ、私にはもう１つの仕事が残っていたからだ。

最終戦が始まる前、私の元にＦＩＡ（国際自動車連盟）から１通のメールが届いていた。それは、シーズン終了後に開催される年間表彰式への招待状だった。

当初、私はホンダがチャンピオンを獲得すれば、年間表彰式に参加するが、そうならなかった場合は辞退してもいいということを了承してもらったうえで、年間表彰式のリストに名前を追加してもらっていた。

メールを受け取った時点でチャンピオンシップ争いはまだ決着がついていなかったが、私はどちらに転んでも年間表彰式に出席する決断を下し、年間表彰式の参加者の宿泊先として指定されたホテルの予約もお願いすることにした。

この年（２０２１年）の年間表彰式の舞台はフランス・パリ。開催日は最終戦の５日後の12月16日（木）だった。私は12月14日（火）にアブダビからパリへ移動。到着した火曜日は空港近くのホテルでたまっていた原稿を書き続け、水曜日にＦＩＡに予約をお願いしていたオペラ座近くにある

2021年に初のF1年間チャンピオンを獲得したマックス・フェルスタッペン選手

パリの指定されたホテルへチェックインした後に受け取った年間表彰式の招待状

指定ホテルにチェックインした。

指定されていたホテルということもあり、1階には年間表彰式に参加するための受付があり、そこで年間表彰式に出席するために必要なパスを受け取った。そのホテルにはレース関係者が続々チェックインしており、私は単行本を作るうえで欠かせない2人の人物に出会った。1人は元F1の最高経営責任者のバーニー・エクレストン氏で、もう1人はトロロッソ時代にホンダとともに仕事した経験があるブレンドン・ハートレー選手だ。

2人ともホンダへのメッセージを紹介するページになくてはならない存在だった。特にハートレー選手はF1を離れた後は世界耐久選手権（WEC）でトヨタのマシンを走らせていたので、難しいかなと思ったが、快く取材に応じてくれた。

単行本の取材は、年間表彰式の会場でも続いた。2021年の会場はルーブル美術館の地下に隣接したショッピングモール「カルーゼル・デュ・ルーブル」内にある特設会場。表彰式の前に各カテゴリーの王者が順番に出席しての記者会見が行なわれ、私も出席した。

参加した記者はみんな顔なじみで、両手で数えるほどしかいなかった。コロナ禍の影響でシーズン終盤はなかなか思うように取材できなかったため、マックス・フェルスタッペン選手とクリスチャン・ホーナー代表に話を聞く絶好のチャンスだった。

最終戦の幕切れで混乱が生じて物議をかもしていたため、4日後に行われたこの記者会見では初

トロロッソ時代にホンダとともに仕事した経験があるブレンドン・ハートレー選手

コロナ禍だったため記者会見のスタジオも最低限のスタッフしかいなかった

その記者会見は華やかというよりも、まだ緊張感が漂っていた

戴冠を祝福する一方で、最終戦の幕切れに関する質問が続いており、記者会見は華やかというよりも、まだ緊張感が漂っていた。そんな中、私がホンダについての質問をすると、フェルスタッペン選手もホーナー代表も笑顔になり、饒舌に答えてくれた。ホンダに関して、チャンピオン獲得後にフェルスタッペンとホーナー代表に直接質問し、コメントをもらう機会は、これが最初で最後だったから、パリまでやってきて本当によかった。

これにて、単行本の取材は終了。あとは、フェルスタッペンとホンダの王座獲得を祝いつつ、パーティを楽しむことにした。

記者会見が終わると記念撮影会が行なわれ、その後、表彰式を兼ねたガラ・パーティが開演した。全部で78ものテーブルがあり、事前に場所が指定されており、私はほかのメディアたちと同じ末席にあるテーブルについた。この年間表彰式にはF1以外のカテゴリーの王者たちも集まっており、WEC王者の小林可夢偉選手にも7年ぶりに再会した。

18時にスタートしたパーティのとりを務めたのは初のワールドチャンピオンとなったフェルスタッペン選手。その後、全カテゴリーの王者が舞台に勢ぞろいして23時に閉幕した。

会場を後にする前、私はFIAのメディア担当のトム・ウッド氏とロマン・デ・ロー氏に直接、感謝の言葉を述べた。彼らがいなければ、私の取材は途中で途絶えていたかもしれなかったし、この年間表彰式にも参加できていなかったかもしれなかったからだ。すると、2人はこう返してきた。

クリスチャン・ホーナー代表（左）と、マックス・フェルスタッペン選手（右）

マックス・フェルスタッペン選手とパートナー

クリスチャン・ホーナー代表と奥さま

年間表彰式にはWECチャンピオンチームの小林可夢偉選手も参加していた

さまざまなカテゴリーのチャンピオンが集まり華やかな表彰式となった

「それが私たちの仕事。あなたの取材によって、日本のモータースポーツファンに素晴らしいニュースや情報が届けられていたのなら、それは私たちにとってもとてもうれしいことだよ」

海外での取材で私を助けたのが、FIAのメディア担当の2人なら、日本から私の取材を応援してくれていたのが、この単行本を担当していただいた、当時出版事業部におられた高橋隆志さんだった。この単行本のタイトルの「歓喜」も高橋さんのアイディア。とてもいいタイトルをいただいた。

私の原稿執筆作業をサポートしてくれた河村大志くんにも、この場を借りて感謝したい。

また、取材活動と単行本制作にご協力いただいた、ホンダ広報部（当時）の三浦元毅さんをはじめホンダの広報部の方々にも感謝の意を申し上げたい。

そして、何より単行本「歓喜」とこの「歓喜の裏話」をご購読していただいた皆さまに、お礼を申し上げたい。ご愛読いただき、ありがとうございました。

FIAのメディア担当のトム・ウッド氏（左）とロマン・デ・ロー氏（右）

著者紹介

尾張正博（おわりまさひろ）

1964年、仙台市生まれ。1993年にフリーランスとしてF1の取材を開始。F1速報誌「GPX」の編集長を務めた後、再びフリーランスに。コロナ禍で行われた2021年に日本人記者として唯一人、F1を全戦現場取材し、2022年3月に「歓喜」（インプレス）を上梓した。Number、東京中日スポーツ、F1速報、auto sports Webなどに寄稿。主な著書に「トヨタF1、最後の一年」（二玄社）がある。

◎本書スタッフ
表紙写真　熱田 護　CoverPhoto by Mamoru Atsuta
アートディレクター/装丁：岡田 章志＋GY
ディレクター：栗原 翔

本書はインプレスのクルマ情報総合サイト、Car Watchに連載した『尾張正博のホンダF1本「歓喜」の裏話』をまとめたものです。
https://car.watch.impress.co.jp/docs/series/owari-hondaf1/

●本書の内容についてのお問い合わせ先
株式会社インプレス
インプレス NextPublishing　メール窓口
np-info@impress.co.jp
お問い合わせの際は、書名、ISBN、お名前、お電話番号、メールアドレス に加えて、「該当するページ」と「具体的なご質問内容」「お使いの動作環境」を必ずご明記ください。なお、本書の範囲を超えるご質問にはお答えできないのでご了承ください。
電話やFAXでのご質問には対応しておりません。また、封書でのお問い合わせは回答までに日数をいただく場合があります。あらかじめご了承ください。

●落丁・乱丁本はお手数ですが、インプレスカスタマーセンターまでお送りください。送料弊社負担に てお取り替えさせていただきます。但し、古書店で購入されたものについてはお取り替えできません。
■読者の窓口
インプレスカスタマーセンター
〒 101-0051
東京都千代田区神田神保町一丁目 105番地
info@impress.co.jp

ホンダF1「歓喜」までのアナザーストーリー

2024年4月5日　初版発行Ver.1.0（PDF版）

著　者　尾張 正博
発行人　高橋 隆志
発　行　インプレス NextPublishing
〒101-0051
東京都千代田区神田神保町一丁目105番地
https://nextpublishing.jp/
販　売　株式会社インプレス
〒101-0051　東京都千代田区神田神保町一丁目105番地

印刷・製本　京葉流通倉庫株式会社
Printed in Japan

ISBN978-4-295-60285-9

NextPublishing®
●インプレス NextPublishingは、株式会社インプレスR&Dが開発したデジタルファースト型の出版モデルを承継し、幅広い出版企画を電子書籍＋オンデマンドによりスピーディで持続可能な形で実現しています。https://nextpublishing.jp/